Guía ilustrada del
MASAJE DEPORTIVO

SUSAN FINDLAY
BSc, North London School of Sports Massage

TUTOR

Editor: David Domingo
Coordinación editorial: Paloma González
Traducción: Joaquín Tolsá
Asesor técnico: Dr. Alberto Muñoz Soler

Título original: *Sports Massage.*
Publicado originalmente en inglés en EE. UU. por Human Kinetics,
Champaign (Illinois), en 2010.

Fotografía de cubierta e interiores: Nigel Farrow
Ilustraciones: Jason M. McAlexander

Agradecemos a la North London School of Sports Massage de Londres (Inglaterra) su ayuda proporcionando el emplazamiento de la sesión fotográfica para este libro.

Miembro de la
World Sports Publishers' Association
(WSPA)

ISBN: 978-84-7902-876-3
Depósito legal: M-13.905-2011
Impreso en Gráficas Muriel, S. A.
Impreso en España – *Printed in Spain*

Índice

PARTE IV   Programas y gestión del masaje deportivo

Puede que el masaje sea una de las terapias más antiguas que se siguen utilizando hoy día. En la actualidad más terapeutas que nunca practican un abanico de técnicas de masaje en permanente expansión. Muchas de estas técnicas se enseñan a través de escuelas de masaje privadas y de enseñanza reglada. Nuestra necesidad actual es ofrecer los mejores recursos clínicos y educativos que permitan a los quiromasajistas aprender las técnicas requeridas para dar masaje terapéutico a sus clientes. Teniendo esto presente, Ediciones Tutor ha preparado la edición de esta guía ilustrada para quiromasajistas terapéuticos.

Esta guía proporciona herramientas específicas de evaluación y tratamiento que encajan en el mundo del masaje terapéutico, pero que también pueden ser útiles para otros especialistas en el trabajo corporal, como osteópatas o instructores de *fitness*. Esta guía muestra paso a paso cómo aplicar las técnicas a los clientes. La guía contiene fotografías en color que ilustran todas las técnicas. Los consejos sirven de ayuda para ajustar la técnica y los recuadros titulados *Comunicación con el cliente* contienen ejemplos de cómo pueden emplearse las técnicas con clientes que tienen problemas particulares. A lo largo del libro se incluyen autoevaluaciones, breves cuestionarios que permiten al lector evaluar sus conocimientos y destrezas, lo cual será especialmente útil si está intentando aprobar un examen de cualificación profesional. ¡Incluso damos las soluciones!

Es posible que el lector esté empleando esta guía para adquirir las destrezas requeridas que le ayuden a aprobar un curso o pulir las técnicas que aprendió en el pasado. Tal vez sea el tutor de un curso a la búsqueda de maneras de hacer más atractivo el masaje terapéutico a sus alumnos. Esta guía proporciona pasos fáciles de seguir que harán que la transición de la teoría a la práctica parezca natural, convirtiéndola en un recurso fundamental para todos aquellos que se toman en serio esta especialidad del masaje.

Cuando me pidieron que escribiera este libro, me vi enfrentada con la difícil tarea de establecer la definición de masaje deportivo dentro de esta industria. ¿Se define el masaje deportivo por las técnicas que empleamos y la manera en que las utilizamos, o la definición depende sencillamente de los clientes con los que trabajamos? La respuesta no es concreta, porque varía no sólo de país a país, sino también de persona a persona.

El masaje se originó en antiguas civilizaciones. En su forma más simple, las personas frotaban o sujetaban instintivamente una zona lesionada para aliviar el dolor. El masaje ha evolucionado hasta dar lugar a muchas técnicas, pero los elementos originales siguen siendo evidentes en todos los tipos de masaje. Hoy día ha aparecido una definición común que parte del nombre mismo, *masaje deportivo:* aplicación de diversas técnicas sobre tejidos blandos para potenciar al máximo el rendimiento de los deportistas. Esto es en parte cierto, pero la manera en la que logramos los resultados a menudo incluye técnicas de rehabilitación tales como las de liberación de los tejidos blandos o de la energía muscular. Además, también puede argumentarse que las mismas técnicas empleadas en masaje deportivo no son exclusivas de los deportistas, sino que pueden aplicarse también a personas que no participan en ningún deporte o tienen un interés pasajero por la actividad física. Por eso existe una variedad tan amplia de definiciones de masaje deportivo.

Se trabaje con quien se trabaje, el masaje tiene un resultado holístico, a pesar de las diversas opiniones acerca de la falta de investigaciones sobre el masaje basadas en pruebas científicas. Al llevar a cabo cualquier investigación puede ser difícil cuantificar datos, porque existen muchas variables que considerar: el terapeuta, el cliente, la formación, el estilo y las técnicas. Y sin embargo, por mis años de experiencia, he visto lo eficaz que puede ser el masaje terapéutico, que es toda la evidencia que necesito para continuar haciendo este trabajo.

Este libro ofrece a los quiromasajistas deportivos las herramientas esenciales para dar una sesión de masaje bien concebida en un contexto deportivo o general. La Parte I trata de cómo iniciarse y lo que hay que tener presente antes de empezar. Especifica cuándo se debe o no utilizar el masaje y los beneficios que pueden derivarse de la terapia práctica, e incluye una sección de consulta rápida sobre patología que será útil durante toda la carrera del quiromasajista. Las Partes II y III se centran en la aplicación de las técnicas demostrando diversas posiciones, lo que permitirá al masajista desarrollar su propio estilo. La Parte IV acompaña al lector durante el proceso de evaluación utilizando diversas herramientas, empezando por la consulta verbal, pasando a las evaluaciones visuales y terminando con pruebas cinéticas y de la fuerza. Tablas y cuestionarios le ayudarán a diseñar sus propias formas de consulta, o emplear directamente las que se ofrecen. Los capítulos finales cubren el trabajo en un entorno deportivo, ya sea un evento local o de alta competición.

Se encontrarán recuadros sobre la comunicación con los clientes y consejos a lo largo de cada capítulo. Aquéllos se centran en información experimental y dan consejos prácticos. Los recuadros específicos de consejos destacan puntos importantes que recordar o resumen apartados amplios para facilitar la consulta. El lector puede consultar ambos tipos de recuadros cuando lo precise para reforzar su aprendizaje.

Guía ilustrada del masaje deportivo hace hincapié en trabajar eficientemente y en aplicar las técnicas con desenvoltura y sensibilidad. Este método facilitará su trabajo, aumentará su edad de retiro como quiromasajista y mejorará la calidad de su toque terapéutico. Será capaz de ocuparse y corregir las lesiones habituales en que a menudo incurren los quiromasajistas a consecuencia de la colocación y los movimientos incorrectos. También será capaz de aplicar las técnicas especializadas de manera más efectiva y controlada.

Pero su formación como masajista terapéutico deportivo no debe detenerse aquí; al contrario: debe evolucionar mediante el añadido de técnicas de rehabilitación y avanzadas. Con una buena base, se tendrá más éxito en todas las áreas.

Agradecimientos

Este libro fue escrito con el apoyo de los esfuerzos de muchas personas, a todas las cuales quiero dar mis más sinceras gracias.

Un agradecimiento especial a Chris Salvary, que se pasó las vacaciones de Navidad corrigiendo las pruebas de mi material. A Albier McMahon por su apoyo inicial y su labor de corrección de estilo. A Elizabeth Soames, que se hizo un hueco en su ajetreada agenda para escribir una composición sobre el trabajo con un equipo deportivo de élite.

Mis gracias y aprecio a John Dickinson y Amanda Ewing, de Human Kinetics, que me dieron infinitos consejos y todo su apoyo. A Jane Johnson, cuya idea dio origen a está colección.

He tenido el honor de trabajar con un gran equipo de profesores que me han apoyado durante todo este proyecto, una familia que me ha mantenido alegre y concentrada, y a los amigos que han conservado la amistad a pesar de mi falta de participación en sus vidas mientras escribía este libro.

Os agradezco a todos que seáis fieles a la profesión y sólo queráis lo mejor para el porvenir: vosotros sois el futuro.

PARTE I

Iniciarse en el masaje deportivo

En los capítulos 1 a 3 se encontrará información relevante acerca de cómo iniciarse como masajista deportivo. Los capítulos 1 y 2 tratan de las técnicas de base, el uso apropiado de las mismas en una sesión, y los beneficios y contraindicaciones asociados con ellas. El capítulo 2 contiene un apartado sobre patología general que te ayudará a desarrollar aún más tus capacidades como quiromasajista terapéutico seguro y eficaz. Esta sección te permitirá trabajar más holísticamente y tomar decisiones importantes acerca de las modificaciones necesarias para tener presente el estado de salud real del organismo del cliente.

El apartado de patología sirve como rápida guía de consulta para diversas afecciones sistémicas o de los tejidos blandos y para detallar las modificaciones necesarias a fin de dar un tratamiento efectivo y seguro a dichos tejidos. El capítulo 2 merece una consulta reiterada siempre que se requiera. El capítulo 3 ayuda a tomar decisiones acerca de los lugares en los que con mayor probabilidad ofrecerás tus servicios, así como la información práctica necesaria para establecerse.

Al final de cada capítulo hay Autoevaluaciones, breves cuestionarios que refuerzan la materia tratada y ayudan a centrarse en los puntos principales.

1

Introducción al masaje deportivo

Bienvenido al masaje deportivo. Si te estás iniciando en esta forma de masaje o careces de formación reglada, o si quieres mejorar tus técnicas y conocimientos de masaje deportivo, por aquí se empieza. Sea cual sea el nivel de práctica en el que estés, a lo largo de todo este libro encontrarás consejos útiles acerca de cómo iniciarla o mejorarla. Este capítulo te pone en antecedentes, estableciendo las bases del funcionamiento del masaje deportivo, cuándo y dónde puede utilizarse, y las posibilidades que ofrece a un posible cliente.

¿Qué es el masaje deportivo?

El masaje deportivo es una forma profunda de trabajo sobre tejidos blandos que se aplica en el contexto deportivo. Consiste en diversas técnicas que incluyen acariciamientos, amasamientos, percusiones, vibraciones, compresiones, pases profundos y fricciones. Algunas de las técnicas más avanzadas van desde la liberación de tejidos blandos hasta las técnicas neuromusculares, pasando por la liberación miofascial, las técnicas de energía muscular, la liberación posicional, la manipulación del tejido conjuntivo y muchas otras. El objetivo principal del masaje deportivo es ayudar al atleta a alcanzar su máximo rendimiento y mantenerse libre de lesiones, así como servir de apoyo en la curación de las mismas. Como masajista deportivo, hay que ser capaz de llevar a cabo un repertorio apropiado de procesos de valoración y evaluación, además de reconocer las lesiones deportivas habituales. También se debe poder diseñar e implementar planes de tratamiento integrales con objetivos realistas y alcanzables.

¿A quién debe tratarse?

El masaje deportivo no se limita a los deportistas. Es adecuado para cualquier persona que necesite un trabajo de rehabilitación o sobre tejidos blandos, sea cual sea su edad, nivel de forma o sexo. Los efectos rehabilitadores del masaje deportivo pueden ser beneficiosos en el período posquirúrgico; como complemento a la fisioterapia, la osteopatía o la quiropráctica en la terapia rehabilitadora; o como beneficio para la salud en el entorno laboral. Aunque su nombre pueda implicar una clientela deportiva, es una terapia apropiada para todas las personas.

En el contexto deportivo, los expertos recomiendan que los atletas empleen este tipo de masaje como parte regular de sus programas de entrenamiento, en vez de someterse a sesiones de masaje esporádicas. Debido a que el masaje recibido asiduamente tiene beneficios acumulativos, es más eficaz como mejora del rendimiento que el masaje ocasional, que podría perturbarlo. Los deportistas que no hayan recibido nunca masaje no deben tener sus primeras sesiones de masaje deportivo cerca de una prueba inminente; es mejor que empiecen con sesiones regulares después de una competición.

¿Cómo actúa el masaje deportivo?

Hasta ahora, las investigaciones no han podido cuantificar el modo en que actúa el masaje ni las razones por las que funciona. Aunque se ofrezcan habitualmente en el campo médico y en el de la industria del *fitness,* las investigaciones basadas en datos empíricos no han proporcionado hasta ahora respuestas satisfactorias acerca de los mecanismos y beneficios del masaje. Los estudios que se han realizado son confusos y proporcionan resultados contradictorios o, en el mejor de los casos, equívocos. Hasta que se realicen más estudios de alta calidad y metodológicamente fiables, el mejor método para determinar los beneficios del masaje es evaluar la respuesta del deportista.

Se cree que el masaje deportivo actúa tanto mecánicamente como de manera refleja. Mecánicamente, el masaje trabaja con la piel, las fascias, los tejidos musculares y conjuntivos mediante la presión y el movimiento. Relaja, alarga o estira los tejidos blandos, incrementando así el rango o amplitud de movimiento de las estructuras constituidas por ellos, lo cual puede conducir a una mayor flexibilidad y facilidad de movimiento. Este proceso tiene posibilidades de aumentar el número de fibras musculares reclutadas, lo cual, a su vez, ayuda a desarrollar a la larga la fuerza del deportista. De manera refleja, el masaje afecta directa o indirectamente al sistema nervioso. Estimulando la relajación, el masaje incrementa la producción de endorfinas (analgésicos y euforizantes naturales que producen una sensación de bienestar). De este modo, el masaje puede proporcionar beneficios psicológicos que podrían representar para el atleta ventajas en competición.

Los efectos del masaje pueden evaluarse tanto fisiológica como psicológicamente. Las pruebas apoyan algunas de las creencias actuales, pero no se han llevado a cabo suficientes investigaciones para corroborar todas las afirmaciones que se han realizado. Lógicamente, como quiromasajistas terapéuticos que somos, creemos en los beneficios del masaje. Más que de estudios científicos, esta creencia es resultado de la experiencia clínica acumulada, informes objetivos y testimonios. Suele creerse que los siguientes son algunos de los efectos que el masaje puede tener sobre el cuerpo en general.

■ *Sistema muscular:* El masaje deportivo puede liberar tensiones de los tejidos blandos, aliviar la rigidez, reducir las contracturas musculares, liberar limitaciones mecánicas, así como ablandar y realinear el tejido cicatricial y liberar adherencias, ayudando a restablecer la funcionalidad óptima del organismo o de la parte tratada.

■ *Sistema óseo:* Liberando tensiones y limitaciones mecánicas en los tejidos blandos, el masaje puede ayudar a restablecer el equilibrio en la función muscular donde se requiera e incrementar la movilidad y la flexibilidad, reduciendo así el estrés sobre las articulaciones.

■ *Sistema cardiovascular:* Aumentando la circulación sanguínea, el masaje deportivo aporta más oxígeno y nutrientes a los tejidos y elimina productos de desecho, promoviendo así la eficiencia del organismo.

■ *Sistema nervioso:* El masaje puede estimular diversos receptores sensoriales, dependiendo de las técnicas utilizadas, bien para estimular o bien para calmar los nervios. También puede reducir el dolor como resultado de la liberación de endorfinas.

■ *Sistema linfático:* En términos generales, el masaje puede colaborar con el sistema inmune promoviendo el movimiento de líquidos en los tejidos, favoreciendo así la eliminación de toxinas. También se dice que incrementa el número de leucocitos (células blancas de la sangre), lo cual ayuda al organismo a combatir enfermedades.

■ *Sistema digestivo:* Estimulando el sistema nervioso parasimpático, el masaje deportivo aumenta los movimientos digestivos, activando el peristaltismo, ayudando así a aliviar el estreñimiento, dolores abdominales (cólicos) y gases.

■ *Sistema urinario:* Incrementando la circulación y estimulando el sistema nervioso parasimpático, el masaje mejora la eliminación.

¿Dónde puede realizarse masaje deportivo?

El masaje deportivo no requiere un espacio específico ni necesita equipo alguno. Sólo se precisan las manos y técnicas para dar masajes eficaces. En pruebas deportivas pueden ofrecerse masajes previos a la competición, durante la misma o después de acabada la prueba. Asimismo, es posible ofrecer masajes en lugares públicos para informar tanto a deportistas como a no deportistas acerca de los beneficios del masaje deportivo en el rendimiento y la recuperación. El masaje deportivo también puede practicarse en entornos más formales, como puedan ser centros médicos multidisciplinares y centros sanitarios.

Muchos quiromasajistas terapéuticos establecen consultas en habitaciones de su casa habilitadas u ofrecen servicios itinerantes o a domicilio. Otros ofrecen tratamientos in situ en entornos laborales. El masaje deportivo puede realizarse casi en cualquier parte: en el suelo, en la banda de un campo de juego o en una silla en el salón de la casa del cliente. Se dispone de un amplio abanico de técnicas, lo cual permite trabajar con o sin lubricante, directamente sobre la piel o a través de la ropa. El masaje deportivo es versátil y puede cubrir una amplia gama de necesidades en innumerables situaciones.

¿Cuándo debe realizarse masaje deportivo?

Normalmente, el masaje deportivo se emplea en el trabajo pre-, intra- y post-competitivo, así como formando parte de un buen programa de entrenamiento (masaje de mantenimiento). La duración puede ser de tan sólo 5 minutos o prolongarse una hora y media (si un masaje dura más de esto, el organismo puede sobrecargarse, lo cual iría potencialmente en contra de lo que se pretende lograr). Con formación adicional sobre rehabilitación, puede utilizarse el masaje deportivo en programas terapéuticos específicos. Es posible emplearlo en diversos emplazamientos, tales como hospitales o clínicas, como parte de tratamientos fisioterapéuticos o de manera independiente.

Al realizar masaje deportivo en una situación de pre-competición o intra-competitiva, hay que ser prudente. A menos que se posean las técnicas apropiadas y los conocimientos adecuados sobre el cliente, lo mejor es dejar el trabajo más profundo o específico para masajes de mantenimiento.

El masaje post-competitivo suele emplearse para devolver los tejidos a su estado previo a la competición; trabaja con el sistema linfático para drenar los tejidos y ayudarlos a normalizarse. El trabajo posterior a la competición puede también ser una oportunidad para evaluar lesiones y tomar las medidas necesarias para asegurar una recuperación completa. Los masajes post-competitivos son por lo general más suaves y cortos que las sesiones de mantenimiento. La extensión del masaje depende del tipo de competición; por ejemplo, después de un maratón, los tejidos estarán fatigados y faltos de energía y no tolerarán un masaje vigoroso ni prolongado. En el capítulo 10 se trata más a fondo el trabajo en pruebas deportivas.

Fuera del trabajo en competiciones, el masaje deportivo es para cualquier persona, activa o sedentaria. Esta forma de masaje, a pesar de la calificación de *deportivo,* puede ser adecuada para cualquier interesado en el trabajo sobre tejidos blandos que pueda apreciar las posibilidades que este tipo de masaje tiene que ofrecer.

COMUNICACIÓN CON EL CLIENTE

Cuando las personas se enteran de a qué te dedicas, muchas quieren hablar contigo sobre sus dolencias relativas a los tejidos blandos. En situaciones así, tienes la oportunidad de informar sobre el masaje deportivo y lo que éste puede y no puede hacer. También puedes aplicar masaje a través de la ropa para que la persona pueda hacerse una idea concreta de esta técnica. En la medida en que actúes responsablemente, tengas presentes las contraindicaciones y no trates ninguna afección sin realizar una evaluación completa, tus manos pueden actuar como instrumento publicitario y educativo. Ten cuidado de no dar consejos hasta haber realizado una evaluación completa y estudiado el historial clínico.

Beneficios del masaje deportivo

La gran pregunta es: ¿Cómo se relaciona el masaje deportivo con el mundo real? ¿Cómo puede afectar el masaje al rendimiento o la actividad diaria de un deportista? Tanto si la tensión se debe a una actividad deportiva como a un puesto de trabajo, puede afrontarse eficazmente mediante el masaje. ¿Cómo puede explicarse esto y los posibles beneficios del masaje a clientes potenciales de manera que les anime a incluirlo como parte esencial de su vida?

Situación: Un nadador se te acerca para preguntarte si puedes ayudarle. Tiene los hombros muy tensos y está empezando a padecer algunas molestias en la región lumbar. También cree que su entrenamiento no está yendo como quiere a pesar del tiempo y el esfuerzo que le está dedicando. Por consiguiente, se está desanimando por la falta de progresos. Tu respuesta podría ser algo así como:

"Puede que haya alguna razón relacionada con los tejidos blandos para la falta de progresos, y una de las causas posibles es que no estés utilizando necesariamente tus músculos de manera eficiente. El masaje deportivo no incluye sólo el factor de sentirse bien; también se ocupa de cómo mantener de la mejor manera un rendimiento óptimo y la prevención de lesiones. Lo logramos empleando multitud de técnicas que ayudan a los músculos a rendir al máximo a fin de que estén preparados para las demandas deportivas. Por la descripción que me has hecho, da la impresión de que tal vez hayas desarrollado ciertos desequilibrios musculares. Lo consideraremos y determinaremos si estás sometiendo a algunos músculos a una demanda excesiva y desatendiendo otros.

Mediante el contacto, el masaje también aumentará tu consciencia. Te mostrará dónde se encuentran tus zonas de dolor, tensión y debilidad. Por consiguiente, te ayudará a comprender cómo se están comportando tus músculos y, por tanto, de qué manera puede que necesites ajustar tu entrenamiento. Por ejemplo, si músculos como la porción superior del trapecio se han hipertrofiado, son muy cortos y están excesivamente tensos, ello provocará una reducción en el rango de movimiento del hombro. Esto tendrá repercusiones en los otros músculos, inhibiendo las demás estructuras y reduciendo su capacidad de colaborar en el movimiento. Esto, a su vez, conducirá a disponer de menos potencia en la brazada, porque no se está empleando todo el potencial de las estructuras musculares. El masaje ayudará a mantener las fibras alargadas y estimulará una fuerte tensión móvil en los tejidos, desarrollando un movimiento más equilibrado y funcional.

Manteniendo los tejidos más móviles y no permitiendo que se anquilosen, el masaje también estimula el intercambio de nutrientes y productos de desecho, conservando así saludables los tejidos. Incluyendo el masaje deportivo en tu entrenamiento puedes mejorar tu rendimiento y mantenerte libre de lesiones. Te recomendaría que empleases el masaje junto con tus entrenamientos cardiovascular, de la fuerza y de la flexibilidad".

Beneficios del masaje deportivo

- Mayor flexibilidad y rango de movimiento.
- Aumento del empleo de los músculos disponibles.
- Mejoras en el rendimiento.
- Mejoras en la conciencia de uno mismo.
- Puesta a punto del entrenamiento.
- Equilibrio muscular funcional.

- Mejoras en la fluidez de movimiento.
- Reducción de dolores.
- Estimulación psicológica apropiada (p. ej., vigilancia, claridad, relajación).
- Mayor energía.
- Mejoras en la capacidad de recuperación.
- Prevención de lesiones.

Observaciones finales

El masaje deportivo consiste en tratar y cubrir las necesidades de las personas, sean o no deportistas. Puede beneficiarse del masaje deportivo cualquier individuo que tenga una afección de tejidos blandos o quiera mejorar su bienestar o salud general. Como quiromasajista deportivo, tienes mucho que ofrecer, pero recuerda que tu trabajo consiste en cubrir las necesidades de tus clientes. Si eso requiere que trabajes en colaboración con otras terapias, es importante estar abierto a esas otras posibilidades. Considera siempre si la afección se halla dentro de las posibilidades de tu experiencia y conocimientos. Si no, lo mejor es que consultes a alguien o remitas el cliente al profesional debido.

Autoevaluación

1. ¿A quién debe tratarse con masaje deportivo?
2. ¿Cómo afecta el masaje al sistema muscular?
3. ¿Cuándo puede tener lugar el masaje deportivo?
4. ¿Cuál es la principal finalidad del masaje deportivo?
5. ¿Qué capacidades necesitas como quiromasajista deportivo?

2

Contraindicaciones del masaje deportivo

En este capítulo se aprenderá la diferencia entre contraindicaciones globales (a veces llamadas generales) y locales del masaje deportivo, así como las afecciones que requieren modificaciones en su aplicación, en vez de restringir el masaje. Para ayudarte a comprender este tema, el apartado de Patología te ofrece una breve descripción de afecciones comunes que puedes encontrarte en tu actividad profesional y algunos enfoques prácticos acerca de cómo modificar el masaje para acomodarte a los cambios fisiológicos.

Contraindicaciones

Las contraindicaciones son afecciones que te impiden continuar con el masaje. No tienen por qué ser absolutas. Algunas situaciones, conocidas como contraindicaciones generales, te impiden aplicar cualquier forma de masaje. En el caso de contraindicaciones locales, hay que evitar zonas concretas, pero puede aplicarse masaje en todas las demás partes del cuerpo. Por último, en algunas circunstancias tendrás que introducir cambios o modificar

COMUNICACIÓN CON EL CLIENTE

Es importante disponer de un mentor en tu vida como quiromasajista terapéutico, alguien a quien plantearle ideas y que te ayude a desarrollar confianza en ti mismo. En numerosas ocasiones, mis alumnos han acudido a mí con sus clientes en busca de consejo y me han observado evaluándolos. Normalmente doy algo de tratamiento; pero lo más importante es que invierto tiempo en explicar lo que he encontrado y en sugerirles cómo pueden ocuparse ellos del cliente y realizar el tratamiento. Cuando empiezas a trabajar por ti solo, la tarea puede resultar desalentadora. Es importante sentir que puedes contar con alguien que te dé seguridad y a quien pedir consejo cuando esté justificado.

tus técnicas para adecuarte a los cambios fisiológicos de los tejidos blandos. Los ajustes que hay que realizar como resultado de un proceso o afección patológicos se clasifican como modificaciones.

Contraindicaciones globales

Son afecciones que impiden la aplicación de masaje globalmente. Las siguientes palabras claves pueden ayudarte a recordar todas las afecciones incluidas en esta categoría: *graves o severas, agudas, contagiosas, incontroladas* y *sin diagnosticar*. Aunque esta lista no sea exhaustiva, te ayudará a determinar si necesitas introducir planes alternativos, tales como consultar a otro profesional sanitario, administrar tratamiento de primeros auxilios o no hacer nada hasta que la situación haya cambiado. A continuación se encontrarán algunas de las afecciones más comunes que son contraindicaciones globales:

El alcohol y las drogas de ocio, p. ej. tomar un vaso de vino
Arteriosclerosis
Aterosclerosis
Bultos sin diagnosticar
Cardiopatías
Dolor severo
Edema grave
Enfermedades contagiosas, como la gripe
Flebitis
Hemofilia grave
Hipertensión incontrolada
Hipo e hipertermia agudas
Inoculaciones (esperar 24 horas)
Intervenciones quirúrgicas recientes
Lesiones agudas (que exijan primeros auxilios)
Lesiones deportivas graves
Medicaciones fuertes
Peritonitis
Shock
Síndrome compartimental
Trombosis venosa profunda
Tumores

Contraindicaciones locales

A diferencia de las contraindicaciones globales, las locales te permiten proceder con el masaje, pero apartado de la zona afectada. Asegúrate siempre de que lo que estés haciendo no afecte negativamente al proceso de curación. Por ejemplo, si tu cliente tiene fracturado el peroné, entre tus consideraciones tienes que incluir cómo colocar al cliente, la elección de técnicas y dónde debes masajear para no afectar al proceso de soldadura ósea. He aquí una lista de algunas de las afecciones más frecuentes que son contraindicaciones locales:

Clavos y placas metálicas
Contusiones
Dermatitis
Foliculitis
Fracturas
Heridas abiertas
Hernias
Infecciones micóticas
Magulladuras
Marcapasos
Melanoma (cáncer de la piel)
Miositis osificante
Quemaduras solares
Radiación
Trastornos de la piel sin diagnosticar
Tumores
Varices graves
Verrugas

Modificaciones

Las modificaciones requieren consciencia y comprensión de la afección antes de proceder. Cuando los clientes se presentan con afecciones subyacentes, hay que determinar la manera de cambiar el enfoque del tratamiento.

Para dar un tratamiento seguro y efectivo, hay que considerar el plan de acción antes del inicio de la sesión. En algún momento de la misma, puede que necesites considerar la posibilidad de introducir modificaciones en algunos de los siguientes elementos, o en todos ellos: la elección de técnica; si trabajar específicamente o en general, o bien superficialmente o en profundidad; la dirección y velocidad de los movimientos; la duración del masaje; la fase de curación tisular; y la colocación del cliente.

Consideremos el caso de un cliente que se presenta con fascitis plantar (inflamación de la fascia de la planta del pie) como primera razón de la visita, pero que también tiene diabetes mellitus como problema subyacente. Primero tendrás que conocer la naturaleza de la diabetes antes de establecer la manera de enfocar el tratamiento de la afección secundaria. Una de las complicaciones de la diabetes es que el cliente puede que tenga neuropatías periféricas que puedan provocar una reducción de la sensibilidad en los pies. Sin estos conocimientos, es posible que emplees técnicas de masaje demasiado agresivas, inflingiendo involuntariamente más daños a los tejidos en vez de ayudar en el proceso de curación de la fascitis plantar. En esta circunstancia, deben evitarse técnicas más profundas, tales como las fricciones; para ayudar en la liberación de la tensión plantar, serían una opción más segura pases más amplios y superficiales que liberen los tejidos blandos, en conjunción con técnicas de estiramiento por encima de los gemelos.

Siempre que trabajes con enfermedades o afecciones anormales de los tejidos blandos, los conocimientos sobre la dolencia son fundamentales para introducir las modificaciones correctas a fin de realizar un masaje seguro y efectivo. Considera siempre que puede que necesites consultar a un profesional sanitario o el permiso por escrito de un médico antes de proceder con el tratamiento. A continuación aparecen más ejemplos de afecciones que requerirían modificaciones en el masaje:

Artritis reumatoide	Diabetes	Osteoporosis
Asma	Intervenciones quirúrgicas	Traumatismo cervical
Cáncer	menores	
Capsulitis adhesiva	Osteoartritis	
(hombro congelado)		

El siguiente apartado, *Patología*, trata más a fondo de estas afecciones.

 CONSEJO   Si no estás seguro de la afección con la que se presenta un cliente, trátala como una contraindicación hasta lograr los conocimientos que necesitas para proceder de manera segura tanto para ti mismo como para el cliente.

Patología

Conocer los efectos fisiológicos de la enfermedad y las afecciones de los tejidos blandos es fundamental en la planificación de un tratamiento apropiado. Como quiromasajista terapéutico, te encontrarás con una amplia gama de problemas de salud, y la clave para elegir el método más seguro y efectivo para cada uno de ellos serán tus conocimientos de esa afección. Como se debate en el apartado de *Modificaciones,* algunas normas y consideraciones generales te permitirán ocuparte de las necesidades de tu cliente. Entre ellas se incluye la elección de técnica, la profundidad de aplicación, la dirección de los movimientos, la duración del masaje, la etapa de la curación tisular y la colocación del cliente.

No es propósito de este libro ofrecer una explicación exhaustiva de cada afección, sino más bien una explicación rudimentaria de cada una de ellas y algunas pautas acerca del papel del masaje. Es recomendable que incluyas, como obra de consulta, un buen libro de patología en tu biblioteca.

AGOTAMIENTO POR CALOR   Esta forma de agotamiento puede ocurrir cuando el cuerpo acumula más calor, generado por los músculos, del que puede liberar, algo que ocurre a menudo en un maratón cuando el tiempo es caluroso. Los síntomas incluyen sudoración excesiva, deshidratación, vasodilatación y cefalea. Hay que retirar al paciente a un entorno más fresco. Se le debe quitar la ropa excesiva y refrescarle con una esponja húmeda, teniendo cuidado de no enfriarle en exceso. Han de dársele unos tragos de agua y una mezcla de solución salina (1 cucharada de sal en 1 litro de agua). Es recomendable llamar al equipo médico. El masaje está contraindicado.

ARTRITIS REUMATOIDE   La artritis reumatoide afecta más a la mujer que al hombre en una ratio de tres a uno. Es una enfermedad autoinmune que se localiza en las articulaciones pequeñas del cuerpo, causando inflamación, hinchazón y la destrucción eventual de las articulaciones. El masaje es beneficioso para mantener el rango de movimiento lo más amplio posible, para ayudar a drenar toxinas y para disminuir las molestias. Si el cliente está en una fase aguda, el masaje está contraindicado. Hay que empezar con cautela si es la primera vez que se ve al cliente, o si es la primera vez que recibe masaje. Se debe comenzar en una zona no afectada utilizando técnicas más ligeras para drenar y celebrar una sesión más breve. Se ha de determinar la tolerancia del cliente antes de prolongar la sesión o de probar técnicas más agresivas.

ASMA   El asma es una reacción ante condiciones tales como el estrés, la contaminación o los alérgenos que provoca que los delicados bronquiolos se contraigan espasmódicamente. Se asocia con inflamación local y excesiva producción mucosa. Los signos y síntomas pueden incluir sibilancia (silbidos al respirar), tos y dificultades respiratorias, especialmente durante la espiración. El masaje está indicado entre ataques para ayudar a reducir el estrés en las estructuras musculares que influyen en la respiración. Hay que prestar particular atención a la hipertonía de los músculos: intercostales, escalenos, serratos posteroinferiores y diafragma.

BURSITIS   Las bolsas sinoviales son sacos llenos de fluido que sirven para proteger zonas por las que cruzan tendones sobre aristas óseas o como almohadillas entre estructuras esqueléticas. El sufijo –itis indica una inflamación de la bolsa, que resulta dolorosa tanto con movimientos activos como pasivos. Está contraindicado masajear directamente sobre la zona inflamada, no siendo éste el mejor momento para tratar de liberar los músculos circundantes. Aunque la bursitis no sea un agente patógeno que pueda propagarse, el tratamiento tendrá que esperar hasta que la inflamación haya remitido. En la etapa subaguda, un quiromasajista terapéutico experto puede trabajar en la zona tratando de descomprimir los huesos que están afectando a la bolsa, y relajar los músculos que la cruzan.

CALAMBRES   Los calambres son espasmos musculares acompañados de dolor intenso y a menudo ocurren después del ejercicio. Pueden estar causados por una reducción en la oxigenación (isquemia) de los músculos esqueléticos, bajos niveles de calcio y magnesio, así como defensa muscular después de una lesión. Está contraindicado masajear el vientre del músculo, pero puede ser efectivo trabajar apartado de él aplicándole estiramientos longitudinales, o activando el músculo antagonista para poner en marcha el mecanismo protector.

CÁNCER   El cáncer, una enfermedad muy común, ocurre cuando ciertas células normales del organismo mutan y replican células malignas incontrolablemente. Cada variedad de cáncer tiene consideraciones específicas para el masaje dependiendo del tipo y localización de la enfermedad. El cáncer ya no se considera una contraindicación para el masaje; actualmente muchos expertos creen que el masaje puede desempeñar un papel positivo en la recuperación o el tratamiento de la enfermedad. El tratamiento depende del tipo y etapa del cáncer, los objetivos de la terapia, los tipos de terapia que se están empleando (p. ej., radioterapia, quimioterapia, terapia hormonal, cirugía) y la edad y salud actual del cliente. Es importante trabajar con el equipo médico del cliente para elegir los métodos de tratamiento masoterápico más apropiados.

CAPSULITIS ADHESIVA   Conocida también como "hombro congelado", la capsulitis adhesiva es una afección limitante que puede resultar dolorosa y afecta frecuentemente a la abducción y la rotación externa de la articulación del hombro. El tratamiento aparte del masaje podría implicar fisioterapia, medicación, cirugía, acupuntura, osteopatía, movilización articular y ejercicio. Los objetivos del masaje rehabilitador pueden dividirse en tres etapas. La etapa aguda consiste en reducir el dolor y mantener el rango de movimiento; en esta etapa los estiramientos agresivos están contraindicados. El masaje normalmente se centra en utilizar técnicas reflejas tales como la terapia neuromuscular (TNM), la terapia de los puntos gatillo o la liberación posicional. La fase subaguda se centra en reducir las adherencias (no mediante fricciones) e incrementar el rango de movimiento, lo cual puede lograrse aplicando técnicas generales de masaje, como el amasamiento, así como la liberación de los tejidos blandos (LTB), la técnica de la energía muscular (TEM) y estiramientos suaves. La etapa crónica consiste en restablecer el rango de movimiento completo, ocupándose de la estabilidad escapular, los estiramientos en los extremos del rango, la realización de movilización articular glenohumeral muy dinámica y la reeducación del movimiento.

CEFALEAS   Las cefaleas o dolores de cabeza se clasifican de distintas maneras: tensionales, vasculares, químicas y por tracción e inflamatorias. Las cefaleas pocas veces indican una patología subyacente grave; pero, si no son evidentes ninguno de los desencadenantes típicos, hay que dirigir a los clientes a los profesionales apropiados para que se investiguen las causas. Los estudios muestran similitudes entre los diversos tipos de cefalea; no obstante, el masaje no está indicado para todos ellos. Generalmente, sólo las cefaleas tensionales responden bien al masaje, junto con diversas técnicas de tejidos blandos. Los síntomas consisten en dolor bilateral constante y pueden desencadenarse por tensión muscular, lesiones ligamentosas, desalineaciones óseas o desequilibrios musculoesqueléticos. Normalmente, alguien que padece una cefalea vascular pulsátil evitará el masaje. Las cefaleas debidas a lesiones del sistema nervioso central o a infecciones son contraindicaciones para el masaje.

DERMATITIS   *Dermatitis* es un término general empleado para una gran cantidad de afecciones inflamatorias de la piel. Se presenta de diversas formas dependiendo del tipo de reacciones dérmicas que se manifiesten. La dermatitis es una reacción o irritación alérgica no contagiosa de la piel. Un ejemplo típico es la reacción a una sustancia o algún vegetal. Las pautas de masaje dependen de lo que presente la afección dérmica. Es una contraindicación local si consiste en forúnculos, está inflamada, presenta lesiones o si el sarpullido o erupción puede propagarse. Si no pica o si la piel no está fracturada, el masaje es apropiado sobre esta zona, ya que no provocará cambios en la dermatitis.

DIABETES MELLITUS   La diabetes tipo 1 es una afección asociada con problemas metabólicos que surgen de la incapacidad del organismo para producir insulina. El tipo 2 se desarrolla en un momento posterior de la vida y provoca la incapacidad del cuerpo para utilizar la insulina. Este trastorno se caracteriza por la incapacidad del sistema digestivo para metabolizar los hidratos de carbono, las proteínas y las grasas. En ambas afecciones, algunas de las complicaciones a largo plazo incluyen reducción en la circulación sanguínea, especialmente en el tejido periférico, lo cual provoca el empeoramiento de los tiempos de curación y una reducción de la sensibilidad en la zona lesionada causada por daños nerviosos. Debido a la reducción de la sensibilidad y de la circulación en los tejidos periféricos, habrá que modificar la profundidad y la selección de las técnicas de masaje empleadas. La piel puede que sea más frágil y tenga una capacidad de curación más lenta. El rango normal de la escala de dolor no será una medida fiable, porque la persona tendrá una reducida percepción del dolor y sentirá la presión menos considerablemente. Las técnicas de masaje tendrán que ser menos invasivas o, como mínimo, modificadas.

Si el cliente tiene diabetes tipo 1, habrá zonas en las que se inyecta insulina, por lo que ha de saberse dónde, cuándo y de qué tipo se inyecta y si es insulina de acción lenta o prolongada. El masaje puede afectar a la respuesta de la insulina y las necesidades del cliente para ser consciente de ello. También existe la probabilidad de microtraumas de los tejidos en los lugares de inyección, lo cual requerirá drenar la zona, siempre y cuando el cliente no se haya inyectado en la misma menos de una hora antes del masaje. Al trabajar con personas con diabetes, hay que ser consciente de reacciones adversas tales como la hipoglucemia, reconocerlas y tomar las precauciones necesarias.

DOLOR EN LAS ESPINILLAS   El dolor en las espinillas representa un repertorio de afecciones que incluyen los síndromes compartimentales exercionales crónico y agudo, la lesión del tibial anterior o posterior, las fracturas por estrés y la periostitis. Los síndromes compartimentales por sobrecarga crónico y agudo son contraindicaciones. Hay que ser prudente al trabajar con personas con periostitis y fracturas por estrés. Es importante establecer qué tipo de dolor en las espinillas tenemos delante antes de proceder con el masaje. Sin embargo, el masaje en las afecciones del tibial anterior y posterior funciona bien mediante estiramientos y drenaje de los músculos afectados.

EDEMA   El edema se ve a menudo como un aumento en el líquido de los espacios intersticiales de los tejidos a resultas de bloqueos circulatorios o linfáticos, o bien por desequilibrios de electrolitos o de proteínas. Hay que establecer las causas antes de desarrollar un plan de tratamiento. La mayoría de tipos de masaje están contraindicados, especialmente con el edema sistémico, debido al impacto que el masaje tiene sobre el sistema circulatorio. Las técnicas de drenaje linfático son la terapia de elección; hay profesionales que se especializan en este tipo de masaje y serían los más adecuados para afecciones tales como el linfoedema. El masaje es apropiado en situaciones subagudas, tales como las lesiones de los tejidos blandos, o cuando el cliente ha estado inmovilizado durante un largo período de tiempo.

ENFERMEDAD DE OSGOOD-SCHLATTER   La enfermedad de Osgood-Schlatter afecta a adolescentes que participan en deportes que implican acciones como patadas, carreras, saltos, giros y torsiones. Se somete a estrés el punto de inserción del tendón del cuádriceps sobre la tuberosidad tibial, lo cual puede provocar hinchazón, inflamación y posiblemente una gran protuberancia. Es una afección dolorosa que puede relacionarse con el crecimiento en la adolescencia y a veces con obesidad. El tratamiento a menudo consiste en reducir las actividades deportivas intensas, aplicando crioterapia y dejando que el tiempo haga su trabajo. El masaje está contraindicado localmente en el lugar de inserción del cuádriceps, la tuberosidad tibial; sin embargo, puede ocuparse de los desequilibrios musculares que puedan existir debido al estirón del crecimiento y de ofrecer alivio a zonas que estén excesivamente estresadas.

ESCLEROSIS MÚLTIPLE   La esclerosis múltiple puede reconocerse por sus síntomas: fatiga y pérdida de sensibilidad, control motor y a veces visión. Se cree que es una enfermedad autoinmune, pero no se comprende completamente cómo se desencadena. La esclerosis múltiple daña la mielina, la vaina protectora que rodea las fibras del sistema nervioso central, afectando a la capacidad de la persona para recibir mensajes a lo largo de toda la fibra muscular.

El masaje no es tolerado en una etapa activa; lo mejor es tratar durante las fases subagudas. La hiperestimulación de los músculos durante el masaje podría provocar su activación con un espasmo doloroso. Hay que emplear técnicas de drenaje en zonas que hayan perdido la sensibilidad, para mantener la movilidad de la zona. Debe mantenerse fresco el entorno para evitar exacerbar los síntomas.

ESGUINCES LIGAMENTOSOS   Este tipo de esguinces afectan a las estructuras ligamentosas que conectan un hueso con otro. La causa de un esguince suele ser una dislocación o una torsión repentinas de la articulación que superan su rango normal de movimiento, trastornando así la estabilidad de la articulación. Los estiramientos pasivos de las áreas afectadas serán dolorosos.

La curación de un ligamento tarda más tiempo debido al mal suministro de sangre al tejido, sea cual sea el grado del esguince: leve, moderado o grave. El trabajo propioceptivo debe incluirse en el tratamiento de masaje. Son apropiados el masaje y los estiramientos pasivos en las etapas finales de la fase subaguda.

ESGUINCES MÚSCULO-TENDINOSOS   Este tipo de esguinces son lesiones que afectan a músculos o tendones. Los estiramientos pasivos o las contracciones contra resistencia pueden causar dolor en el tejido afectado. Estos esguinces pueden clasificarse en grados: 1 (leve), 2 (moderado) o 3 (grave). El tratamiento viene determinado por la fase de la lesión y por su gravedad. El tratamiento de un esguince muscular o tendinoso en la fase aguda se centra en reducir los signos y síntomas de la hinchazón y el dolor. En la fase subaguda, el propósito es normalizar el tejido y afrontar la causa del esguince (p. ej., malas posturas, sobrecarga crónica, lesiones previas). Cuanto mayor sea el grado del esguince, más largo será el período de recuperación y mayor la necesidad de consultar al médico. Durante la fase aguda, puede aplicarse masaje a zonas por encima del lugar de la lesión para ayudar a drenar el área. El masaje es más apropiado en la lesión y en torno a ella durante la fase subaguda. Durante las primeras etapas de esta fase, el objetivo se centra más en las técnicas de drenaje. A medida que se cura el tejido, son apropiadas técnicas más profundas para realinear los tejidos con drenaje.

FASCITIS PLANTAR   Cuando la fascia plantar situada debajo del pie se inflama y se vuelve dolorosa, se produce la fascitis plantar. La afección está causada por la sobrecarga y los microtraumas soportados por la fascia, por la degeneración de la aponeurosis plantar, o por ambas circunstancias. Se experimenta como un dolor agudo, parecido a una contusión, al someter el pie a tensión, especialmente después de un período de descanso. Se alivia cuando los músculos están calientes. El masaje puede ser muy efectivo en la liberación de la tensión de los tejidos blandos en las estructuras afectadas, bien directa o indirectamente, dentro de la tolerancia al dolor. Por ejemplo, liberar la tensión en los músculos superiores, tales como los gemelos, puede servir de alivio.

FRACTURAS   Una fractura es la rotura de un hueso. La aplicación local de masaje está contraindicada inmediatamente y durante unas 8 semanas después de la rotura, pero el trabajo realizado en cualquier otra parte es beneficioso siempre y cuando no interfiera con la consolidación del hueso. Inicialmente, habrá que ocuparse de las zonas musculoesqueléticas estresadas como resultado de patrones de compensación debidos a cambios en el movimiento y la colocación corporal. Después de haber dejado curarse al hueso durante el tiempo apropiado, los tejidos blandos se beneficiarán de técnicas que eliminen la formación de tejido cicatricial. Debe también ser un objetivo el drenaje y el restablecimiento de la propiocepción y del tono muscular en la zona. Las técnicas de vibración pueden ser útiles para incrementar la densidad ósea.

HEMATOMA   Es una acumulación de sangre debida a hemorragia interna; puede tener el aspecto de una contusión o desarrollarse en forma de estructura sacciforme. Los hematomas de este último tipo, si no son reabsorbidos por el organismo, pueden ser eliminados quirúrgicamente. Los hematomas son una contraindicación local para el masaje.

HEMOFILIA   Es un trastorno genético que afecta a la capacidad de la sangre para coagularse. La gravedad de la afección determinará las técnicas de masaje que pueden emplearse y el vigor con el que proceder. En gran medida, está contraindicado el trabajo profundo y vigoroso (como las fricciones). Se recomienda obtener consentimiento médico antes de proceder con cualquier tratamiento y empezar cautelosamente (es decir, una sesión corta utilizando técnicas suaves, empezando por una zona más robusta, como puedan ser los hombros).

HIPERTERMIA   Si estás trabajando en competiciones estivales, puedes esperar ver diversas formas de hipertermia, que es una elevación en la temperatura interna del cuerpo debida a que el hipotálamo no está controlando eficazmente los niveles de calor. Existen tres fases de las afecciones relacionadas con el calor: calambres por calor, agotamiento por calor e insolación, siendo la última la más grave. Hay que enviar a cualquier persona con hipertermia a una unidad de asistencia médica, colocarla en un entorno fresco y animarla a beber agua a pequeños tragos. El masaje está contraindicado.

HIPOGLUCEMIA   La hipoglucemia se relaciona a menudo con la diabetes, pero puede ser una afección por sí misma. Simplemente no ingerir los alimentos adecuados o ingerirlos en cantidades insuficientes puede provocar un bajo nivel de glucosa en sangre. Los síntomas incluyen mareos, confusión, escalofríos, sudoración, hambre, cefalea y palidez. La principal preocupación es reabastecer de energía. Una vez que los síntomas hayan remitido, puede aplicarse masaje.

HIPOTERMIA   La hipotermia ocurre cuando el ritmo de producción de calor se ve superado por la pérdida del mismo y el organismo es incapaz de mantener una temperatura interna adecuada. Los signos y síntomas precoces pueden ir desde escalofríos hasta euforia, pasando por la apariencia de intoxicación y el tono azulado de los labios y los lechos ungueales. Entre los signos y síntomas más avanzados se incluyen somnolencia, cesación de los escalofríos, debilidad muscular, desorientación, alucinaciones, conductas agresivas e inconsciencia. A cualquier persona con síntomas avanzados de hipotermia hay que enviarla a un equipo médico. El masaje está contraindicado.

INSOLACIÓN   La insolación ocurre a menudo después de un estado prolongado de deshidratación y es la etapa final de la hipertermia. Puede ser mortal si la temperatura de la persona no se reduce hasta un nivel seguro mediante tratamiento inmediato. Debido a la sudoración prolongada, el equilibrio electrolítico se habrá vuelto crítico. Es una afección grave y requiere atención médica urgente. El masaje está contraindicado.

JUANETES (Hallux valgus)   Los juanetes aparecen en la articulación metatarsofalángica del dedo gordo. Pueden estar causados por una desalineación como resultado de tener el pie cavo, calzar zapatos demasiado pequeños y apuntados, o factores precipitantes tales como la artritis reumatoide o una marcha comprometida. El aspecto de un juanete puede parecerse al de un abultamiento grande con evidencia de inflamación. Además, el dedo gordo puede aparecer bastante desplazado, presionando contra la segunda falange. Está contraindicado masajear directamente sobre el juanete cuando esté inflamado.

El masaje no reducirá el tamaño del juanete. Es más apropiado masajear los músculos que hayan tenido que compensar para evitar el dolor en la articulación, o afrontar los desequilibrios musculares que podrían estar ocurriendo. Un cliente con un juanete podría necesitar también un calzado más adecuado, o ser derivado a un especialista en biomecánica o un podólogo.

LUXACIÓN   La luxación es una separación completa de los huesos de una articulación (la subluxación es una separación parcial). Los objetivos para su tratamiento dependen de la etapa del proceso de curación; las etapas aguda e inicial de la subaguda se centran en el tratamiento médico. Después, en la etapa subaguda, el masaje puede ayudar a liberar el tejido blando cicatricial, permitiendo un rango de movimiento más libre sin desestabilizar la articulación. Debido a que una articulación puede subluxarse ocasionalmente o incluso dislocarse completamente después de la lesión, hay que tener cuidado de colocar al cliente de manera que no se le cause un estrés indebido en la zona (p. ej., si la luxación tuvo lugar en el hombro, sería apropiada una pequeña toalla que sostenga la zona al estar en posición prona; no debe moverse ni levantarse la extremidad para colocarla en posiciones estresantes).

MIOSITIS OSIFICANTE   Normalmente, la miositis osificante se deriva de un trauma a los tejidos. La zona lesionada que ha sangrado se coagula y se calcifica, convirtiéndose en tejido óseo. Normalmente, cuando ocurre la calcificación, el cuerpo reconoce que el depósito de calcio se supone que no debería estar allí y se reabsorbe en el organismo. Si la zona todavía no se ha calcificado, el masaje es adecuado, siempre y cuando se aplique tratamiento, como puedan ser fricciones, a los bordes externos del emplazamiento, y sin excederse. El masaje está contraindicado localmente una vez que la zona se ha calcificado.

OSTEOARTRITIS   La osteoartritis es una afección crónica que se encuentra normalmente en articulaciones que soportan peso y que afecta al cartílago articular y al hueso subcondral, por lo que las estructuras de la articulación están irritadas e inflamadas. Este tipo de artritis no se presenta normalmente como aguda, sino al contrario, es una afección crónica que responde bien al masaje. Los objetivos son reducir el dolor aumentando el espacio en la articulación, incrementando el rango de movimiento mediante estiramientos suaves y masajeando estructuras de tejido blando que se hayan añadido a la afección.

OSTEOPOROSIS   La definición de osteoporosis es una reducción en la densidad ósea con una reducción ulterior de resistencia estructural. Normalmente se debe a un déficit en la absorción del calcio mediante la vitamina D, así como a desequilibrios endocrinos. La osteoporosis grave es una contraindicación; pero, si no existe evidencia de fracturas, el masaje puede resultar beneficioso de diversas maneras. Además de ayudar a aliviar en parte el dolor, técnicas específicas, tales como la vibración ligera y la percusión mediante palmoteo ahuecando las manos pueden ayudar a aumentar la densidad ósea. Hay que evitar cualquier presión fuerte directamente sobre el hueso o cualquier trabajo vigoroso.

PIE DE ATLETA   También conocido como *tinea pedis,* el pie de atleta es una infección micótica que libera enzimas que digieren la queratina de los tejidos provocando que se agrieten y tengan un aspecto blanquecino y escamoso. Los organismos desencadenantes tienden hacia las condiciones de humedad y oscuridad. Las infecciones micóticas son muy contagiosas; pero, si se toman las precauciones debidas, se podrá masajear en zonas apartadas del lugar de la infección. Hay que pedir al cliente que lleve calcetines durante el masaje, para reducir los riesgos al mínimo. No dejes de cambiar y meter en una bolsa las sábanas usadas y de desinfectar la camilla utilizando algún producto específico, como pueda ser aceite diluido de árbol del té *(Melaleuca alternifolia).*

POSQUIRÚRGICOS   El período seguro para trabajar sobre tejidos blandos después de intervenciones quirúrgicas depende del tipo y grado de trauma en la zona, de lo bien que esté curando, de la respuesta del cliente y de su edad y salud actuales. Cualquier signo de infección o de mala curación prolongará todo posible tratamiento de masaje. Los trombos son otra consideración a tener presente, porque son una de las principales causas de muerte postoperatoria. Durante una fase subaguda, cuando no haya signos de inflamación o infección, las fricciones aplicadas cuidadosamente en torno al tejido cicatricial pueden mejorar el proceso de curación y la realineación tisular. Otras consideraciones que tener presentes en el masaje incluyen el trabajo reflejo, el alivio del dolor, el drenaje, la relajación y equilibrar posibles cambios compensatorios en los músculos.

PROBLEMAS DISCALES   Los problemas discales pueden clasificarse en prolapso, hernia y desplazamiento, en los que el núcleo pulposo o la fibrosis anular circundante de un disco intervertebral sobresale y presiona sobre la raíz nerviosa, la cola de caballo o la médula espinal. Los síntomas incluyen dolor, entumecimiento, debilidad muscular y parestesia. Si el cliente experimenta cualquiera de estos síntomas de "bandera roja", el masaje está contraindicado; hay que remitirlo a los profesionales sanitarios adecuados. No dejes de ver la lista completa de "banderas rojas" del capítulo 9 en "Evaluación del dolor" de la pág. 132. El manejo depende de los síntomas presentes. La mayoría de afecciones se resuelven con descanso activo y control del dolor. El masaje actúa con los patrones de compensación de los tejidos blandos, creando espacio para la retirada de cualquier tejido protruido y ayudando a relajar al cliente, tenso debido a los efectos del dolor.

QUISTES   Generalmente, un quiste es una reacción ante algo que no debería estar en el cuerpo, de manera muy similar a una perla, que se forma en las ostras para aislar un grano de arena. En el caso del quiste, el tejido rodea a un cuerpo extraño o una infección para formar una cápsula membranosa. Los quistes son masas palpables, normalmente de pequeño tamaño, que se mueven por debajo de la piel. Constituyen contraindicaciones locales.

SÍNDROME DEL TÚNEL CARPIANO   El síndrome del túnel carpiano (STC) es el atrapamiento del nervio mediano, que queda comprimido al atravesar el túnel carpiano de la muñeca. Puede causar entumecimiento y hormigueo en la mano y normalmente ocurre en aquellas personas que realizan movimientos repetitivos durante varias horas al día. Algunos tipos de STC responden muy bien al masaje; pero, si los síntomas del cliente empeoran, hay que detenerse de inmediato. Las técnicas más recomendadas son la terapia de los puntos gatillo, las técnicas fasciales y los estiramientos. También puede uno centrarse en posiciones posturales y en los músculos hipertónicos subiendo por todo el brazo y tanto en el hombro mismo como a su alrededor.

SÍNDROME PATELOFEMORAL Y TENDINITIS PATELAR   El síndrome patelofemoral es un trastorno de la marcha en la rodilla que provoca cambios degenerativos en el cartílago articular sobre la cara inferior de la rótula. (Esto puede ser un precursor de la osteoartritis.) El masaje puede ocuparse de la rigidez en el componente músculo-tendinoso de la articulación. Es una contraindicación local si la zona está inflamada. La tendinitis patelar puede confundirse con el síndrome patelofemoral, porque afecta a la misma zona y tiene síntomas dolorosos parecidos. Una forma de establecer si la persona tiene tendinitis patelar es preguntarle si siente dolor al subir escaleras, ya que a una persona con síndrome patelofemoral le duele al bajarlas. La tendinitis patelar es el resultado de la extensión de la pierna y afecta a la parte externa de la articulación, mientras que el síndrome patelofemoral proviene del peso del fémur que empuja sobre la rótula y afecta a la parte interna de la articulación. El masaje es más eficaz para la tendinitis patelar; la afección responde muy bien al trabajo sobre los tejidos blandos. Ambos síndromes se benefician de crear un mejor equilibrio de los músculos.

TEJIDO CICATRICIAL   El tejido cicatricial se produce cuando el tejido se suelda o se estructura de manera desorganizada después de una lesión. El tejido cicatricial colágeno es denso, tiene pocos vasos sanguíneos y carece de pigmentación, folículos pilosos, glándulas dérmicas normales y posiblemente de terminaciones sensitivas. Al tejido cicatricial se le aplican las mismas consideraciones de las situaciones posquirúrgicas, tales como la curación y los signos de infección, igual que los objetivos generales para el masaje. Técnicas especialmente beneficiosas son las fricciones y la liberación de los tejidos blandos seguida por drenaje con acariciamiento.

TENDINITIS   La tendinitis es una afección inflamatoria de los tendones, de lenta aparición, que se presenta con dolor y rigidez y posiblemente con calor e hinchazón en la fase aguda. El dolor con movimientos contra resistencia confirma la presencia de una unidad músculo-tendinosa lesionada. En la fase aguda, la zona no debe masajearse directamente.

Los tejidos apartados del emplazamiento, sin embargo, pueden alargarse para reducir el estrés a la zona afectada. En la fase subaguda, el masaje es efectivo para disolver el tejido cicatricial, reducir las adherencias y restablecer el rango de movimiento. Si el cliente ha recibido recientemente una inyección de esteroides para esta afección, hay que evitar el masaje en esa zona, ya que dispersaría la medicación.

TRAUMATISMO CERVICAL   El término *traumatismo cervical* cubre multitud de lesiones que pueden ocurrir con la aceleración y la desaceleración cervical en deportes de alta velocidad o en accidentes de tráfico. Los tipos de lesión incluyen esguinces ligamentosos y musculares, daños en los cartílagos y cápsulas articulares, y trastornos de la articulación temporomandibular. En la fase aguda, está contraindicado el masaje circulatorio; sin embargo, las técnicas reflejas para reequilibrar el sistema nervioso autónomo son beneficiosas para los traumas emocionales y el *shock*. En la fase subaguda o de maduración, el masaje funciona bien junto con tratamiento osteopático o quiropráctico.

VARICES   Las varices son venas anormalmente sobresalientes que se han distendido a consecuencia de una debilidad en el sistema de válvulas de retorno. Las varices suelen encontrarse en las piernas. Cuando ocurren en otras partes del cuerpo, se conocen como hemorroides (ano), varicoceles (testículos) y varices esofágicas (esófago). El masaje está contraindicado si la persona tiene varices extremadas ya sea local o distalmente, pero las personas con afecciones leves pueden tolerar un masaje general más superficial. Hay que evitar técnicas más profundas.

Observaciones finales

Si no estás familiarizado o te falta confianza con la afección que se te presenta, peca de cauteloso y, o bien deriva a la persona a un profesional más experto, o a personal médico apropiado, o bien pide consejo. Al mismo tiempo, es importante asumir los desafíos: estudia y experimenta con tus técnicas sin perder de vista la seguridad.

Autoevaluación

1. ¿Cuál es la diferencia entre contraindicación global y local?
2. ¿Qué cinco términos claves se asocian normalmente con una contraindicación general?
3. ¿Qué modificaciones puede que tengas que introducir en un masaje cuando se presentan con cualquier afección anormal de los tejidos blandos?
4. Indica si cada una de las siguientes afecciones es una contraindicación global, una contraindicación local o una modificación: gripe y resfriados, tejido cicatricial agudo, traumatismo cervical, diabetes, cáncer, antigua dislocación del hombro, dolor severo, heridas abiertas, foliculitis, osteoporosis.
5. ¿En qué se diferencian los esguinces ligamentosos de los músculo-tendinosos?

3

Preparación para el masaje deportivo

Al inicio de tu carrera, puedes trabajar en diversos ambientes. Dondequiera que acabes, tendrás que tener presente la ética profesional y los protocolos habituales, satisfacer las normas de higiene y seguridad y mantener una atmósfera de profesionalidad.

Instalaciones

El masaje deportivo puede tener lugar en la banda del campo durante un acontecimiento deportivo, en un espacio despejado bajo una tienda de campaña junto con otros terapeutas, en casa de los clientes o en tu propio hogar, en lugares de trabajo o en una clínica sanitaria. No se limita a un solo espacio y puede recibirse en cualquier parte. Es muy adaptable y sólo necesita al quiromasajista terapéutico y sus habilidades.

Si estás trabajando en un establecimiento convencional, como pueda ser una sala de terapia, debes centrarte en la comodidad de tus clientes. Ten presente el entorno, lo que ven, oyen, huelen y tocan y cómo afectará ello a su experiencia. Las primeras impresiones son muy importantes, así que presentarte como un profesional desde el comienzo sólo te reportará ventajas.

Para hacerte una idea de tus instalaciones, desplázate a la clínica en la que vayas a trabajar y recibe el tratamiento de un colega. Sigue uno de los itinerarios normales que elegirían tus clientes, para ponerte en su lugar. ¿Es accesible mediante transporte público y automóvil privado? ¿Se puede aparcar? ¿Y el barrio: da una sensación de seguridad y limpieza, es atractivo? ¿Cuáles son tus primeras impresiones de la habitación que te han alquilado? ¿Está caldeada y limpia y tiene un aire de tranquilidad profesional? Los clientes emitirán juicios sobre los aspectos visuales de la habitación, la comodidad de la camilla, la sensación que produzcan las toallas, el ruido de fondo y la temperatura de la habitación. Han de considerarse todos los sentidos. Pasar por toda la experiencia de tratamiento te ayudará a ver si algo puede mejorarse.

Antes de alquilar una habitación en una clínica, entra anónimamente y pregunta por las terapias ofrecidas. Considera la posibilidad de concertar un tratamiento para ti y hazte las preguntas del párrafo anterior, así como la siguiente: ¿Cómo te recibe el recepcionista? ¿Encajarás en esta clínica? ¿El entorno es propicio para el tipo de tratamiento que quieres ofrecer? Tus impresiones pueden ayudarte a determinar si tus futuros clientes querrían venir a esta ubicación.

Tabla 3.1   Ventajas y desventajas de diversos emplazamientos

Emplazamiento	Ventajas	Desventajas
Ambulante	■ No tiene costos de alquiler. ■ Puedes acercar tu negocio al público (p. ej., acontecimientos deportivos, oficinas de empresas, lugares públicos). ■ Oportunidades de viajar con equipos deportivos. ■ Flexibilidad de horarios.	■ Se requiere más tiempo para instalar y recoger el material, además del desplazamiento entre clientes. ■ Físicamente es más exigente. ■ Problemas de seguridad. ■ La ubicación y el espacio para el tratamiento no son siempre ideales. ■ Que te entretengan invitándote a tomar un café después.
Clínica externa	■ Amplio surtido de centros de salud y clubes deportivos, clínicas médicas y gimnasios. ■ Trabajar junto a otros profesionales. ■ Recibir apoyo clínico de otros miembros del equipo. ■ Es el recepcionista quien gestiona las citas. ■ Normalmente se te hace entrega de una camilla además de las toallas.	■ Competencia entre masajistas. ■ Algunas clínicas esperan que te hagas tu propio marketing. ■ Los gastos generales pueden ser elevados; la clínica puede quedarse hasta con un 50%.
Consulta en tu propia casa	■ Se elimina el tiempo de desplazamiento. ■ Posibilidad de controlar el ambiente. ■ Sin cargas por alquiler de la habitación. ■ Posibilidad de descontarte en tus declaraciones de impuestos un pequeño porcentaje de los costos (p. ej., electricidad, calefacción).	■ Necesidad de mantener el entorno limpio en todas las habitaciones a las que puedan acceder los clientes. ■ Reducción de la intimidad personal. ■ Aislamiento de otros colegas profesionales.

Existen algunas ventajas evidentes de trabajar ambulatoriamente, en tu propia casa o en un ambiente clínico. Las ventajas y desventajas de cada uno se enumeran en la tabla 3.1. (Si estás pensando en trabajar en acontecimientos deportivos, encontrarás más información sobre cómo instalarte en el capítulo 10.) Considera cuáles son tus prioridades y qué les conviene más a tus clientes y a ti. La mayoría de quiromasajistas deportivos eligen un par de ubicaciones para ofrecer opciones a sus clientes y para promocionarse y lograr una cartera de clientes más amplia.

Equipamiento

El material necesario incluye una camilla, almohadas, cojines especializados, rollo de papel desechable para la camilla, toallitas húmedas para las manos, toallas de diversos tamaños, lociones, paquetes calientes y fríos instantáneos, o con hielos, una silla ergonómica de masaje y agua. Éste es el ideal, pero en determinados momentos de tu carrera no dispondrás de todos estos lujos y el único equipo disponible serán tus manos.

Debido a que hay una amplia gama de equipamiento entre el que elegir, puede ser tentador pasarse de la raya al abrir la consulta. Lo mejor es empezar por lo básico e ir añadiendo elementos a medida que la experiencia te enseñe lo que necesitas. Durante tu formación tómate el tiempo necesario para probar diversas camillas, cojines y lociones. Observa lo que te funciona bien, recaba opiniones de otros quiromasajistas y realiza elecciones juiciosas. Recuerda que, aunque no sea el equipamiento el que hace al quiromasajista, sino la calidad de su toque terapéutico, la comodidad del cliente aumentará su disfrute de la sesión.

Camilla

La pieza más importante del equipo es la camilla. Invierte algo de tiempo estudiando a los proveedores de camillas. Evidentemente, querrás una que se ajuste a tus necesidades particulares. Si vas a ejercer ambulatoriamente, necesitarás una camilla portátil. Si van a usar la camilla otros masajistas, es posible que necesites una que se acomode a diversas alturas y tenga otras partes ajustables. ¿Necesitas que tenga orificio para la cara? Si estás tentado de comprarte una camilla de segunda mano, pruébala primero, porque la comodidad es crítica y afectará a la fidelización de los clientes. Asegúrate de que tenga un buen acolchado, sea sólida y resistente, no tenga partes que puedan romperse, no haga ruido cuando el cliente esté en ella, sea fácil de instalar, no tenga barras contra las que puedan golpearse las piernas y, por supuesto, cubra tus necesidades. Los siguientes apartados tratan de los tipos de camillas y de lo que tienes que considerar respecto a su longitud, anchura y altura.

TIPO DE CAMILLA   A continuación se incluyen varios temas que tener presentes al adquirir una camilla:

- Las camillas portátiles son adecuadas para la práctica ambulatoria, o si necesitas guardar la camilla en un armario o trastero. Se construyen para ser ligeras y plegarse con facilidad. Aunque sean ligeras, a menudo son incómodas de llevar, especialmente a distancia. Por esta razón, es importante ver si puedes cargar con ella, teniendo presente que puede que tengas que acarrearla escaleras arriba o durante más de 10 minutos.
- Una camilla de altura ajustable puede ser útil, especialmente si no eres el único quiromasajista que la utiliza. Sin embargo, la mayoría de los masajistas comentan que, una vez establecen su altura preferida, no suelen cambiarla.
- Las camillas con orificios para la cara te dan la posibilidad de aplicar técnicas eficazmente y son esenciales para la comodidad del cliente. Comprueba que el orificio de la camilla esté bien acolchado. Un masaje puede echarse a perder si el cliente debe ajustar constantemente su cara porque el orificio sea demasiado duro o no tenga la forma adecuada.
- Evidentemente, las camillas hidráulicas sólo son adecuadas si tienes habitación permanente. Son sólidas y resistentes, fáciles de ajustar y presentan una imagen profe-

sional. Si la camilla requiere electricidad, ten presente que, si el mecanismo se estropea, o si no hay luz, te quedarás sin camilla. Asimismo, la salida de los cables puede ser un problema de seguridad.

COMUNICACIÓN CON EL CLIENTE

Al comprar una camilla te recomendaría que fueses a probarla tú mismo. Elígela y prueba a caminar de un lado a otro para ver si puedes cargar con el peso durante unos 5 a 10 minutos. Puede que el peso sea manejable, pero la incomodidad de la forma la convierta en un auténtico reto. Puedes resolver parte del problema adquiriendo un carrito para tirar de ella, pero eso no sirve de ayuda cuando hay que subir y bajar un tramo de escaleras, o meterla y sacarla del coche. Prueba también a montarla y desmontarla, ya que la parte más ardua puede ser tratar de abrirla y ponerla derecha. Finalmente, túmbate en ella durante 10 minutos como mínimo, para ver si es cómoda. Presta atención al grosor del acolchado general y a la forma del orificio para la cara. Recuerda que la comodidad forma parte de la experiencia del masaje.

ANCHURA Y LONGITUD DE LA CAMILLA   En la mayoría de los casos, la anchura de la camilla dependerá de la altura del quiromasajista y de la constitución del cliente. La anchura estándar de una camilla son 60 cm. Aunque una camilla más ancha pueda ser más cómoda para clientes más grandes, tal vez no sea adecuada para ti, porque podría forzarte a inclinarte más sobre la camilla de lo que tu estatura permita, provocando problemas de espalda. La longitud estándar de una camilla ronda los 180 cm.

CONSEJO   Si el cliente mide más que la camilla, colócale una almohada debajo de los tobillos.

ALTURA DE LA CAMILLA   La altura correcta de la camilla depende de tu comodidad. Al elegir la altura de tu camilla ten presentes las siguientes reglas generales:

- Dimensiones de los clientes.
- Parte del cuerpo sobre la que estás trabajando.
- Posición del cliente.
- Técnicas que estás empleando.
- Tu posición (lo más importante).

Las dimensiones de los clientes son muy variadas e influirán en la altura de la camilla. Tienes que bajarla para clientes de mayores dimensiones, a fin de poder trabajar en tu nivel óptimo. Si el cliente está en una posición de decúbito lateral, la altura en las caderas cambiará la altura de trabajo de la camilla entre 5 y 13 centímetros. Es mejor tener la camilla ligeramente más baja de la altura normal, porque es mucho más fácil ajustar tu altura flexionando las piernas que elevarte. El capítulo 4, *Mecánica corporal,* proporciona más detalles sobre cómo establecer tu altura ideal de trabajo.

Lubricantes

La loción lubrica tus manos al recorrer los tejidos del cliente. Un exceso de loción del tipo equivocado interferirá con este proceso. Lo ideal es tratar de conseguir una loción que no sea demasiado grasa pero que penetre en la piel, para no tener que volver a aplicarla con frecuencia.

Se encuentra una amplia gama de lociones. Antes de elegir una, ten en consideración el propósito de tu masaje. Si tienes que levantar la piel para efectuar un cambio, prueba una loción que no sea demasiado resbaladiza. Si estás haciendo trabajo de pre-competición, considera si la loción interferirá con algo que el cliente haga en su práctica deportiva, como pueda ser sujetar una raqueta o entrar en contacto con los oponentes. Asimismo, ¿tiene tu cliente una preferencia acerca de si la loción tiene aroma o no? A algunas personas no les gusta el olor de las lociones perfumadas, especialmente cuando tienen que volver al trabajo. Las alergias pueden ser también un factor importante. Consulta a tu compañía de seguros, ya que algunos proveedores no te cubren si empleas mezclas de aceites y no estás formado como aromaterapeuta.

COMUNICACIÓN CON EL CLIENTE

La mayoría de mis clientes han llegado a aceptar y a que les guste la loción que utilizo, a pesar de su marcado aroma. Se debe en parte a que se dan cuenta de que contiene aceites esenciales que ayudan a sanear los tejidos. Algunos me han dicho: "Huele a medicina". También me gusta esta loción en particular porque no es grasa y me permite levantar la piel con facilidad.

Si empleas demasiada loción, las manos no pueden disponer del agarre necesario para levantar y trabajar los tejidos. Si no usas suficiente, puedes correr el riesgo de causar demasiada fricción, lo cual podría conducir a una afección por irritación llamada foliculitis. Lo ideal es ser capaz de empujar los tejidos sin provocar que el vello tire de la piel, pero tampoco debe haber tanta que el pase quede impreso en la loción. Añadir loción es más fácil que retirarla.

Si tu loción no viene con dispensador de bombeo, debes considerar el problema higiénico de meter las manos en un recipiente cada vez que necesites más. Saca suficiente loción para cada sesión poniéndola en un recipiente aparte. No ahorres nada de la loción que sobre de un cliente para el siguiente.

La aplicación directa de la loción debe ser desde tus manos al cliente; no la apliques directamente vertiéndola en gotas o en chorro desde el recipiente. Ponte un poco de loción en las manos, caliéntala y luego empieza a extenderla sobre la piel del cliente. Cada vez que necesites otro poco de loción, una de tus manos debe permanecer en contacto con la piel del cliente. Bien da la vuelta a la mano de contacto para verter más loción en ella o viértela en tu mano libre, siempre con el dispensador de bombeo. Para no romper el contacto con tu cliente, coloca varios recipientes con loción por la habitación o lleva un cinturón en el que pueda sujetarse el recipiente.

Higiene

Evidentemente, es importante tomar todas las precauciones posibles para no infectar a tus clientes. En el ambiente de masaje las infecciones pueden transmitirse de las siguientes formas:

- *Contacto directo:* Un apretón de manos y establecer contacto primero con un cliente y luego con otro sin lavártelas.
- *Contacto indirecto:* Colocar una mano en el pomo de una puerta que otra persona haya tocado, tumbarse en una toalla que no se haya lavado, apoyar la cara en el orificio de una camilla que no se haya limpiado.
- *Transmisión aérea:* Los resfriados y la gripe son contraindicaciones para el masaje. No debes recibir a clientes que se encuentren a punto de enfermar y estén estornudando y tosiendo. Lo mismo vale para ti: si sientes que estás incubando algo, cancela las citas en vez de arriesgarte a transmitir la infección a tus clientes.

La prevención es el resultado de una buena higiene:

- Lávate las manos a conciencia con agua caliente y jabón después de cada tratamiento.
- Mantén las uñas cortas para reducir los lugares en que puedan cobijarse los gérmenes.
- Quítate todas las joyas, porque las lociones tienden a acumularse en ellas, y también porque pueden causar abrasiones en la piel.
- Limpia por dentro y alrededor el orificio para la cara de la camilla después de cada cliente.
- Limpia con regularidad el equipo.
- Utiliza toallas lavadas y papel nuevo para la camilla con cada cliente.
- Mantén la habitación limpia y despejada.
- Limpia las zonas de contacto, como puedan ser los picaportes de las puertas.

Colocación del cliente

La colocación no es algo que afecte sólo a la comodidad del cliente. También te ayuda a acceder a las estructuras de los tejidos blandos que, si no, serían difíciles. Cómo mueves a un cliente de una posición a otra, cómo sostienes las extremidades y estabilizas el cuerpo, cómo comunicas tus instrucciones: todo ello puede mejorar o empeorar la experiencia del tratamiento. La colocación es en sí misma una destreza y exige práctica.

Comodidad

La comodidad relaja al cliente, ablanda los tejidos y te permite trabajar eficaz y profundamente. Un orificio para la cara incómodo causará inadvertidamente tensión en el resto del cuerpo. (Una solución sencilla podría ser utilizar un cojín para la cara.) La comodidad puede también presentarse en forma de música, la decoración de la habitación, el aroma, el sonido de tu voz, el tacto de las toallas y la temperatura de la sala. Una manera útil de averiguar si tu espacio de tratamiento está cubriendo las necesidades de tu cliente es experimentarlo de primera mano recibiendo un masaje utilizando tu propio equipamiento.

Cuando lo hice yo misma, me sorprendió descubrir que, cuando un colega aplicaba la loción, la habitación parecía mucho más fría.

Soporte de las articulaciones y las extremidades

Las articulaciones tienen un rango limitado de movimiento. Para mantenerlas dentro de su rango natural, coloca almohadas apropiadamente para servir de apoyo. Por ejemplo, colocar una almohada debajo de los tobillos cuando el cliente está en tendido prono sostendrá la articulación e impedirá que el tobillo se vea forzado en hiperflexión plantar cuando aplicas presión descendente a la pierna. Ten cuidado con zonas de estrés posicional tales como la protrusión de hombros en posición prona. Colocar toallas pequeñas debajo de los hombros que sirvan de soporte aliviará cualquier tensión y te permitirá trabajar sin estirar más unos músculos que ya están demasiado elongados.

Accesibilidad

En ocasiones una posición alternativa ofrece un mejor acceso a un músculo. Por ejemplo, probar a acceder al sóleo a través del grosor de los gemelos puede ser difícil o incómodo para el cliente. Recolocando al cliente en posición de decúbito lateral, el músculo superficial (gemelos) se aparta del hueso aumentando la accesibilidad y facilitando mucho más el trabajo con los tejidos subyacentes (sóleo).

Estabilidad

Sé siempre consciente de la alineación de los clientes, para no comprometer su seguridad. Considera cómo puedes colocar las extremidades de tu cliente para potenciar al máximo la estabilidad y cómo colocar mejor los cojines y los accesorios para sostener las extremidades y las articulaciones. Un error frecuente cometido en decúbito lateral es colocar incorrectamente las almohadas y las extremidades creando una posición inestable. Colocar la pierna superior del cliente en un ángulo de 90° y poner recta la pierna inferior creará una base sólida que estabilizará la pelvis y la región lumbar. (Observa las fotos de esta página y la siguiente.) Si necesitas mayor estabilidad en el tren superior, puedes pedir al cliente que agarre el borde la camilla de manera parecida. Pon un cojín debajo de la cabeza, así como debajo de toda la pierna. Puedes trabajar más eficazmente con un cliente relajado y estable.

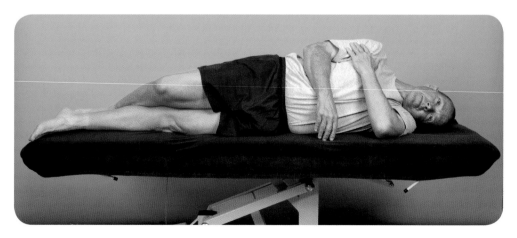

Mala posición en decúbito lateral.

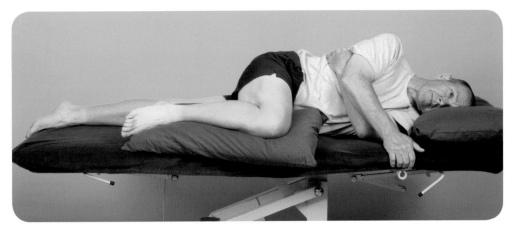

Posición en decúbito lateral efectiva con cojines.

Cuatro puntos para colocar eficazmente al cliente

- Soporte de las articulaciones y las extremidades
- Estabilidad
- Comodidad.
- Accesibilidad.

Posiciones

Tienes que reflexionar cuidadosamente para mantener la estabilidad y soportar las extremidades al cambiar de posición al cliente. El control de las toallas es igualmente importante durante el proceso. Las diversas posiciones incluyen prona, supina, lateral y, a veces, sentada.

POSICIÓN PRONA   Colocar un cojín debajo del tronco o la pelvis es opcional. Si la persona es severamente lordótica o tiene problemas lumbares, es importante ofrecer soporte a esta zona. Las mujeres con mucho pecho también pueden necesitar un cojín debajo del tronco para igualar la superficie de contacto con la camilla. Colocar un cojín debajo de los tobillos previene la flexión excesiva del tobillo y el pie. Pon pequeñas toallas o cojines debajo de los hombros para clientes con protrusión de los mismos o para mujeres con mucho pecho.

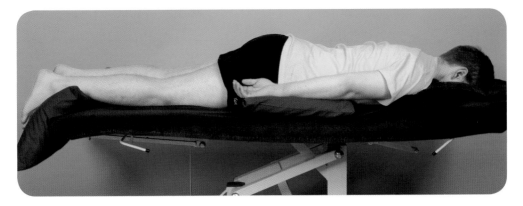

Colocación prona.

POSICIÓN SUPINA   Pon una toalla debajo de la cabeza y las rodillas como apoyo. (También puede utilizarse un almohadón cilíndrico debajo de las rodillas.) Esto permite al cuerpo descansar en una posición natural mientras se alivia la región lumbar. Colocar una almohada detrás de las rodillas también impide que la articulación se vea forzada a superar su rango normal de movimiento durante el masaje.

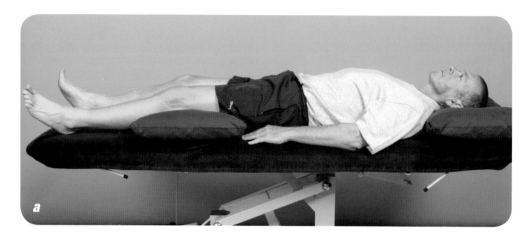

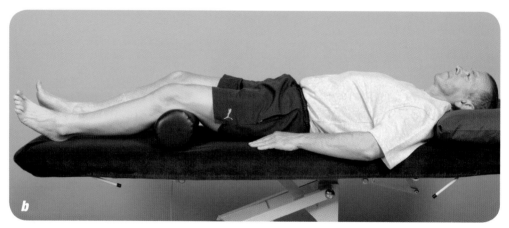

Colocación supina utilizando debajo de las rodillas *(a)* una almohada y *(b)* un almohadón cilíndrico.

POSICIÓN LATERAL   Presta especial atención a la alineación de tu cliente en posición lateral. Es fácil equivocarse y colocarle en una posición inestable. Asegurarte de que la pierna superior del cliente está en un ángulo de 90 grados y la inferior recta te ayudará a estabilizar la pelvis y la región lumbar y a mantenerlas alineadas entre sí. Si el cliente necesita mayor estabilidad en el tren superior, pídele que agarre el borde de la camilla. Ponle un cojín debajo de la cabeza, así como a lo largo de toda la pierna. Para una colocación adecuada en decúbito lateral, observa la foto que aparece anteriormente en este capítulo, en la pág. 35.

POSICIÓN SENTADA La posición sentada es útil, pero potencialmente inestable. Comprueba que, cuando se siente en el borde de la camilla, los pies del cliente pueden apoyarse con toda la planta en el suelo. Como apoyo para la espalda, pon una almohada entre el cliente y tú.

Puede ser útil disponer de una silla ergonómica para masaje. Estas sillas son portátiles y no requieren mucho espacio; además, en ellas el masaje puede realizarse a través de la ropa. También sostienen a los clientes sin someter su espalda a un estrés indebido, algo especialmente útil para los que tienen problemas de espalda y les resulta difícil tumbarse en la camilla. Necesitarás formación básica específica para trabajar con clientes en esta posición.

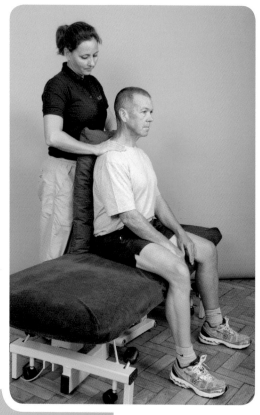

Posición sentada en una camilla.

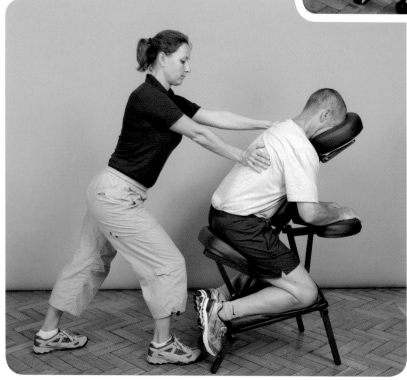

Posición sentada en una silla ergonómica de masaje.

Control de la toalla

Mantener el control de la toalla mientras se mueve al cliente exige práctica. He aquí algunas normas sencillas que te ayudarán a hacerlo con confianza:

1. Reduce el número de toallas que tengas que controlar; es mejor usar una grande.
2. Asegúrate de que la toalla está cubriendo al cliente de tal manera que se respete su pudor.
3. Retira los cojines de la camilla antes de mover al cliente.
4. Sujeta la toalla con los muslos sobre el lado de la camilla más cercano a ti.
5. Separa bien las manos por el lado contrario y levanta ligeramente la toalla.
6. Da instrucciones claras al dirigir los movimientos del cliente.

Al cambiar la posición de un cliente, tienes varias opciones en el control de las toallas. Para simplificar las cosas, aquí se presentan dos maneras de hacerlo. La primera es más fácil cuando uno se está iniciando; no requiere que preveas con antelación en qué dirección se moverá el cliente. La segunda (al pie de esta página) te exige ser más intuitivo sobre la dirección en que se moverá el cliente, pero el control de toallas es más fluido una vez se domina qué extremo sujetar para mantener el control. Si calculas mal la dirección, el cliente se llevará tras de sí la toalla, con el resultado de que los dos os sentiréis violentos.

Ponte cerca de la camilla. Presiona con las piernas contra el lado de la camilla para mantener la toalla en posición. Evita sujetar la toalla demasiado alta o demasiado baja; levantar la toalla a la altura correcta permite al cliente moverse libremente y respeta su pudor. Sujeta la toalla por ambos extremos, suficientemente apartada para asegurar que se mantiene el pudor del cliente durante todo el proceso.

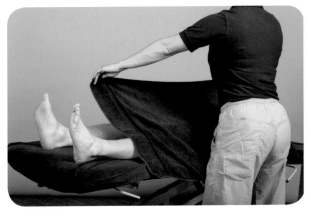
Sujetar la toalla con los muslos.

En el proceso de recolocación de un cliente tendrás que asegurarte de una de dos cosas: o le das instrucciones muy claras acerca de la dirección en que te gustaría que se girase, o llegas a ser muy competente en la predicción de la dirección en la que se girará. De cualquiera de las dos maneras, tendrás que sujetar la toalla por los dos extremos para asegurar que las zonas importantes permanezcan cubiertas.

A veces, a pesar de dar instrucciones claras, el cliente confundirá la derecha con la izquierda, y viceversa. Cuando esto ocurra, estate preparado

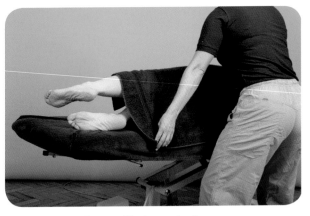
Recoger la toalla en el lado contrario.

para responder adecuadamente ante la situación. A medida que progreses y llegues a tener más confianza como quiromasajista terapéutico, mover a los clientes y cambiarles de posición durante una sesión se volverá una rutina regular y podrás realizarla con facilidad. Desarrollar esta destreza te dará mayor acceso a más músculos en diversas posiciones, sin por ello dejar de respetar el pudor de los clientes. Esta habilidad será de fundamental importancia al realizar tests, así como al aplicar posiciones más avanzadas (p. ej., una elevación de pierna en posición supina).

CONSEJO Cuando te estés iniciando, trata de mover a alguien que esté totalmente vestido de una posición a la otra; así los errores que cometas serán graciosos en vez de embarazosos. Prueba también un par de técnicas de manejo de toallas para ver cuál te va mejor.

Seguridad

La seguridad de tus clientes es una prioridad tanto desde el punto de vista del espacio y el equipamiento como desde el de su bienestar general. Si después de un tratamiento tu cliente no está en condiciones de llegar a donde vaya, deben tomarse medidas alternativas.

COMUNICACIÓN CON EL CLIENTE

Cerca del final de un tratamiento de masaje, se hizo evidente que una clienta mía diabética no era capaz de llegar por sí sola a casa. Aunque se había tomado su dosis matinal de insulina, no había comido adecuadamente antes del tratamiento. Al final de la sesión estaba claramente en peligro y necesitaba tratamiento inmediato. Una vez estabilizados sus niveles de azúcar y hallándose ya en un estado más consciente, organicé las cosas para que su hija la recogiera. Aunque estaba estabilizada, no se encontraba aún en perfectas condiciones; era mejor pecar por exceso de precaución.

Aunque no siempre se les exija a los quiromasajistas deportivos formación básica en primeros auxilios, es muy recomendable, en especial si estás implicado en deportes con un alto riesgo de lesiones durante el desarrollo de las pruebas o los partidos. También debes disponer siempre de un botiquín y saber cómo usarlo. Debe incluir tijeras, guantes que no sean de látex, apósitos y vendas de gasa, compresas, esparadrapo y apósitos adhesivos (tiritas). (No dejes de comprobar periódicamente las fechas de caducidad.)

Asimismo, es sensato practicar buenos protocolos de seguridad ambiental, como los siguientes:

- Realiza un mantenimiento y una comprobación regulares de tu equipo.
- Asegúrate de que no se quede en el suelo ninguna prenda de vestir que dificulte los movimientos alrededor de la camilla.
- Si la camilla tiene ruedas, comprueba que estén echados los frenos.
- No eches el cerrojo de la puerta de la habitación.
- Realiza un mantenimiento regular de todas las zonas de uso, incluidos los pasillos y el aparcamiento.

Observaciones finales

Al principio da la impresión de que hay mucho que hacer y muchas decisiones que tomar antes de empezar siquiera a dar masaje. Así es, y hacerlo bien es esencial, porque constituye la base de tu práctica. Si no te has preparado a conciencia, tus clientes se darán cuenta y puede que no vuelvan.

Autoevaluación

1. ¿Cuáles son las ventajas de trabajar en un entorno clínico?
2. ¿De qué tres maneras puede transmitirse una infección?
3. ¿Cuáles son tus prioridades al colocar a un cliente?
4. ¿Dónde pueden colocarse almohadas cuando una persona está en posición prona?
5. ¿Por qué es importante poner una almohada debajo de las rodillas de un cliente en posición supina?

PARTE II

Técnicas de masaje deportivo

Los capítulos de la parte II te preparan para aplicar técnicas de una manera que prolongará tu carrera como quiromasajista. Todas las personas que trabajan en el campo de la salud tienen que considerar su método de aplicación práctica, para poder proteger su propia postura y ser seguros y eficaces con sus clientes. El capítulo 4 te orienta sobre la mecánica corporal correcta, así como acerca de la altura de la camilla, las posturas de trabajo y los principios de aplicación. La Autoevaluación del final del capítulo servirá para reforzar tus conocimientos sobre estos aspectos.

El capítulo 5 demuestra las técnicas que son el fundamento del masaje deportivo. Aunque estas técnicas se empleen en muchas formas de masaje, son singulares en el contexto del masaje deportivo, debido al modo y lugar en que las aplicamos. Las imágenes y explicaciones que las acompañan sirven tanto de recursos didácticos gráficos como de referencia, y son sugerencias, no principios absolutos. La intención es darte ideas a partir de las cuales puedas desarrollar tus propias técnicas. No dejes de alterar o ajustar las posiciones para estar más cómodo sin dejar por ello de atenerte a los principios sugeridos para lograr la efectividad y la seguridad. El capítulo ofrece numerosos consejos útiles para asegurar que comprendas estos principios y la Autoevaluación del final del capítulo refuerza la información.

4

Mecánica corporal

Una buena mecánica corporal es la base de todas las técnicas prácticas de masaje. Determina tu capacidad de trabajar con facilidad y tener una larga carrera libre de lesiones personales. Una causa habitual de fracaso como quiromasajista terapéutico es el desconocimiento y la aplicación incorrecta de las palancas y la alineación. La aplicación efectiva también dará como resultado un control y una potencia mayores en cada pase de masaje, lo cual, a su vez, atraerá una base de clientes asiduos.

La mecánica corporal incluye también la aplicación del "toque terapéutico" del masaje de manera controlada. Los clientes quieren un masaje que tenga la profundidad adecuada, ni demasiado ligero ni excesivamente fuerte. Como quiromasajista terapéutico estás tratando de cubrir esas necesidades trabajando en cooperación con los tejidos del organismo. Siguiendo los principios de las palancas y de la alineación adecuada, podrás trabajar de manera óptima y segura.

Altura de la camilla de masaje

Elegir la camilla adecuada es el primer paso para asegurarte de que puedes trabajar a un nivel cómodo y efectivo. Como se trata en el capítulo 3, existen diversas consideraciones que tener presentes antes de adquirir una camilla de masaje. Una vez dispongas de la camilla, puede que tengas que ajustar la altura basándote en los siguientes criterios para lograr una mecánica corporal adecuada:

■ *Dimensiones de tu cliente:* La estructura y tamaño corporal de un cliente desempeñarán un papel importante en la colocación de los brazos apartados de tu cuerpo. A fin de lograr los ángulos correctos para una persona voluminosa, tendrás que bajar la camilla.

■ *Zona del cuerpo sobre la que estás trabajando:* Para calcular el ángulo correcto de los brazos, elige la parte más gruesa del cuerpo, normalmente en torno a la pelvis y la zona abdominal.

- *Posición del cliente:* Existe una considerable diferencia de altura entre la cadera en una posición de decúbito lateral y la parte más gruesa del cuerpo en posición prona. Por tanto, tendrás que bajar la camilla para acomodarte a la posición lateral.
- *Técnica que estás empleando:* La capacidad de ajustar la altura de la camilla se vuelve más crítica cuando se está trabajando con técnicas avanzadas y tienes que dar la vuelta al cliente para realizar la técnica. Al principio de tu formación es más probable que, para trabajar eficazmente, en vez de ajustar la camilla o al cliente, ajustes tu posición de piernas.
- *Tu posición:* Tus piernas son la clave para controlar la profundidad y velocidad de tu trabajo. La posición ideal es la erguida, con los pies separados entre sí unos 90 centímetros, lo cual hará que tu posición descienda.

COMUNICACIÓN CON EL CLIENTE

Cuando están empezando, la mayoría de quiromasajistas terapéuticos se compran una buena camilla portátil hasta estar más establecidos y poder instalar una más permanente, como pueda ser un modelo hidráulico, que puede ajustarse con facilidad para que resulte más fácil dar la vuelta al cliente. Normalmente pueden hacerse suficientes cambios de altura ajustando tus piernas en vez de la camilla. Por ejemplo, las percusiones se aplican mejor si mantienes los antebrazos en ángulo recto con los brazos. La forma más fácil de hacerlo es flexionar las rodillas para descender hasta la altura correcta en vez de ajustar la camilla.

Es mejor tener una camilla demasiado baja que excesivamente alta, porque te puedes ajustar tú mismo flexionando las piernas o ensanchando tu posición para descender sin dejar de mantener la profundidad y control de los movimientos. Es importante que mantengas también la alineación; si no, flexionando el tronco cargarás mucho tu espalda. A la inversa, si la camilla es demasiado alta, estresarás los hombros y la parte superior del tronco.

 CONSEJO   Ajusta la altura de la camilla basándote en las dimensiones de tu cliente, la parte del cuerpo sobre la que estés trabajando, la posición del cliente, la técnica que estés empleando y tu posición.

Postura de trabajo

Para desarrollar la postura de trabajo más eficaz, aplica los siguientes principios:

- *Mantén los hombros y caderas de frente respecto a la dirección del pase de masaje.* Esto permite que la energía provenga de las piernas sin ningún movimiento rotacional, que podría estresarte la región lumbar.
- *Adopta una posición amplia.* Esto te permite moverte con mayor libertad.
- *Aparta los brazos de tu cuerpo 30 grados aproximadamente.* Esto te permite generar impulso desde las piernas y a través del cuerpo. También previene que aprietes músculo contra hueso.

■ *Crea un círculo con tus brazos.* Formar este círculo te permite trabajar eficientemente, aplicando potencia y energía sin esfuerzo.

■ *Mantén tus brazos alargados sin bloquear los codos.* Flexionar en exceso los brazos interrumpirá la alineación de tu cuerpo y será un impedimento para la fuerza que provenga de tus piernas.

■ *En la medida de lo posible, genera el movimiento a partir de las piernas y no de los brazos.* Esto mantiene los brazos relajados, lo cual da como resultado un fuerte toque terapéutico que no es invasivo ni insuficiente. La tensión innecesaria en el tren superior, los brazos y las manos se transmite al pase de masaje.

■ *No acortes las palancas.* Como enfoque general del movimiento y de tu colocación, trata de imaginar una pértiga larga que se inicia en la base de los pies y atraviesa después las caderas hasta la coronilla. Ésta es una postura ideal para generar fuerza, pero ello no significa que no puedas flexionar tus articulaciones. La idea es no hundirse en el movimiento flexionándote en exceso, sino mantener un sistema de palancas lo más largo posible a través de tus brazos, caderas, tronco y piernas (observa las dos fotos que siguen). Esto permite que todo el cuerpo colabore en vez de que una porción de una extremidad o una parte del cuerpo trabaje independientemente (p. ej., si te flexionas demasiado en la cintura harás presión sobre la región lumbar e impedirás que la mayor parte de la potencia se genere a partir de las piernas y se canalice a través de los brazos). Eso también cambia la calidad y profundidad del pase de masaje, por lo que, cuando quieras profundizar, te verás obligado a esforzar mucho más el tren superior. Si posees la técnica correcta te resultará fácil y no te cansarás.

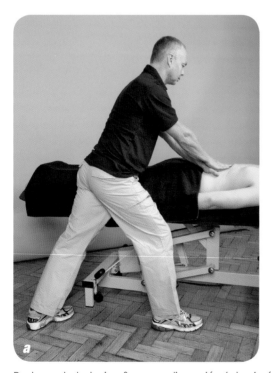 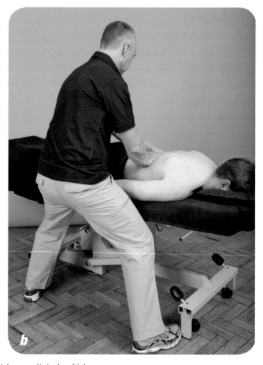

Posturas de trabajo eficaces: alineación *(a)* asimétrica y *(b)* simétrica.

CONSEJO Éstos son los principios de una postura de trabajo segura y eficaz:

- Mantén tus caderas y hombros de frente.
- Adopta una posición amplia.
- Aparta tus brazos de tu cuerpo.
- No acortes las palancas.

- Crea un círculo con tus brazos.
- No bloquees tus codos.
- Genera el movimiento a partir de tus piernas.

Principios de aplicación

Ahora que has establecido la altura correcta de tu camilla y una postura básica de trabajo, he aquí algunos otros métodos que son fundamentales para un enfoque efectivo del trabajo.

COMUNICACIÓN CON EL CLIENTE

Para ayudarte a aumentar tu sensibilidad a los tejidos bajo tus manos, trata de no mirar lo que estás haciendo para permitir que tus manos te transmitan la información. Cambiando el centro de atención a las manos, incrementas la sensibilidad de los receptores del tacto de tus dedos, los cuales a su vez te darán una información más precisa sobre los tejidos. Utilizar los ojos se parece en cierta medida a tratar de mirar a través de una ventana con un cristal ahumado. El otro beneficio añadido a no mirar lo que estás haciendo es que te sirve de ayuda con tu capacidad para mantener una postura erguida: la cabeza deja de estar caída y de tirar hacia abajo de los hombros hacia tu trabajo.

Alineación asimétrica

Trabajar asimétricamente crea un equilibrio entre el tren superior e inferior, y entre un lado y otro del cuerpo. En esta posición, es mucho más eficiente utilizar técnicas que te exijan empujar apartándote de ti mismo (p. ej., pases largos, acariciamientos). Trata de mantener los ojos mirando hacia delante en vez de hacia abajo. Esto te ayudará a mantener una postura erguida. Con el tiempo, lograrás tener una buena sensación de dónde están tus manos y de las estructuras que están sintiendo y no necesitarás mirar. Al elegir una parte del cuerpo distinta sobre la que trabajar, mantén la alineación asimétrica. (En la pág. 44 se encontrará un ejemplo de alineación asimétrica.)

Alineación simétrica

La posición simétrica ocurre cuando ambos pies están colocados a cada lado mientras las caderas se orientan hacia delante. Los pies deben estar algo más separados entre sí que la anchura de la cadera, con las rodillas ligeramente flexionadas. Esta posición es más útil cuando estás empleando técnicas de reunión como el amasamiento. Para generar movimiento a partir de las piernas, trata de balancearte de un lado a otro o de empujar hacia arriba partiendo de las piernas flexionadas. Para ayudar a sostener el tronco, activa tus músculos abdominales mientras reúnes y levantas los tejidos hacia ti. Para añadir una variante, deja que tu cadera y tu tronco empujen ligeramente con los brazos hacia delante y atrás; en otras palabras, mientras un lado de tu cuerpo está empujando un brazo, el otro lado del cuerpo está atrasando el otro brazo. (En la pág. 44 se encontrará un ejemplo de alineación simétrica.)

Movimiento

La clave para aplicar un pase realmente dinámico es la consciencia de cómo utilizar tu cuerpo de manera global. Imagina una cuerda larga que vaya desde tu pie hasta tu cabeza; cuando tiras de un extremo, ello provoca que el otro extremo se mueva. Aplica esto a tu manera de moverte mientras masajeas. Considera a partir de dónde se está generando la potencia. ¿Qué zona de tu cuerpo está realizando en realidad la mayor parte del movimiento, y cuál se cansa antes?

Prueba este ejercicio de consciencia y observa cómo te mueves (es decir, qué se mueve y qué no se mueve). Empieza colocándote en posición y cerrando los ojos (esto te permitirá hacerte mejor idea de dónde se origina el movimiento, de dónde proviene). Elige un pase y realízalo. ¿Qué ha generado ese movimiento? ¿Se han movido primero tus brazos, o lo iniciaron tus pies?

Lo ideal es que dejes que la porción inferior de tu cuerpo (es decir, tus pies) genere el movimiento durante toda la duración del pase. Vuelve a probar el pase, pero esta vez no dejes que se muevan los brazos a menos que los pies estén iniciando el movimiento y los brazos los sigan. Es posible que tengas que practicarlo unas cuantas veces, pero persiste. Utilizando tu cuerpo de manera conectada, podrás controlar la profundidad, la potencia y la fluidez de tus pases.

CONSEJO Trata de dejar que tus piernas inicien el movimiento tanto en las posiciones asimétricas como en las simétricas. Si sientes que tus piernas se están moviendo más que tus brazos, o viceversa, es señal de que están trabajando independientemente unos de otras. Sea cual sea el rango de movimiento que tengan las piernas, los brazos deben moverse conjuntamente con ellas y recorrer la misma distancia.

CONSEJO Entre los principios del movimiento efectivo se incluyen los siguientes:

- Buscar la facilidad, no el esfuerzo.
- Consciencia de ti mismo.
- Vista al frente.
- Alineación asimétrica.
- Alineación simétrica.
- Incremento del ángulo.
- Unidad de movimientos.
- Esfuerzo equitativo.

Aumento de la profundidad

Siempre que intensifiques un pase, permanece en sintonía con la reacción de los tejidos que haya bajo tus manos y recaba información de tu cliente. Una regla general es: cuanto más profundices, más lentamente debes moverte. Los indicadores de que estás moviéndote demasiado rápido pueden ser que el músculo te rechaza contrayéndose o poniéndose tenso, o bien la respuesta verbal de tu cliente, una muestra de inquietud en cualquier otra parte del cuerpo o que cierra el puño con fuerza. Entre los síntomas fisiológicos podrían incluirse una ligera transpiración global o el enrojecimiento de las orejas. Es importante trabajar en cooperación con los tejidos. Puede que sea necesario un cierto nivel de molestia grato; el cliente indicará si se trata de un buen o un mal dolor. (En el capítulo 9 se encontrará más información sobre la evaluación del dolor.) Para aumentar la profundidad del pase de masaje, puede acompañarse el movimiento con el cuerpo o utilizar una forma distinta de un pase ya familiar.

Aumento de la profundidad del pase de masaje

Acompañar el movimiento con el cuerpo.

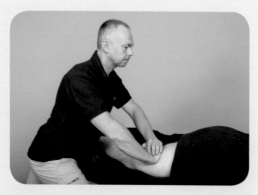

Técnica de mano asistida (una mano ayuda a la otra).

Empleo de los antebrazos.

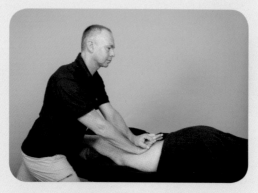

Empleo de los talones de las manos.

Entre las demás maneras de aumentar la profundidad del pase se incluyen generar potencia partiendo de las piernas y cambiar el ángulo de aplicación del pase. Plantéate una situación en la que quieras ocuparte de tejidos más profundos de un deportista bastante voluminoso que tiene una constitución fuerte. Es muy efectivo acompañar el movimiento cargando sobre él el tren superior para generar más fuerza. Ten cuidado de no crear un ángulo demasiado intenso en tu muñeca, porque esto estresa la articulación y podría provocar una lesión por esfuerzo repetitivo.

AUTOEVALUACIÓN DE LOS PRINCIPIOS DE APLICACIÓN

Responde las siguientes preguntas para evaluar lo bien que estás aplicando los principios de buena mecánica corporal. La forma más fácil de hacer este ejercicio es pedir a alguien que te observe y responda a estas preguntas.

¿Tienes tu espalda alineada con las caderas y las piernas?	Sí	No	¿Estás flexionando la cintura?	Sí	No
¿Estás mirando de frente?	Sí	No	¿Estás mirando a lo que estás haciendo?	Sí	No
¿Tienes los hombros relajados?	Sí	No	¿Estás cargado de hombros?	Sí	No
¿Tienes los brazos ante ti?	Sí	No	¿Tienes los brazos a los lados o cerca del cuerpo?	Sí	No
¿Tienes la respiración natural y relajada?	Sí	No	¿Estás conteniendo la respiración o sudando?	Sí	No
¿Estás empujando con las piernas?	Sí	No	¿El impulso proviene de tu tren superior?	Sí	No
¿Tienes los brazos relajados?	Sí	No	¿Te tiemblan los brazos o las manos?	Sí	No
¿Puedes soportar físicamente el masaje?	Sí	No	¿Están tus articulaciones o músculos dando muestras de malestar?	Sí	No

- Si has respondido afirmativamente a todas las preguntas de la columna izquierda, ¡estupendo! Estás practicando una buena mecánica corporal.
- Si has respondido afirmativamente a cualquiera de las preguntas de la columna derecha, tienes que repasar los principios de aplicación.

Tomado de S. Findlay, 2010, *Sports massage* (Champaign, Illinois: Human Kinetics).

Observaciones finales

En la medida de lo posible, atente a los principios de la postura de trabajo presentados en este capítulo. En ocasiones, tal vez tengas que trabajar sólo con un brazo, abrir las caderas o rotar el tronco. Si estas situaciones son poco frecuentes, no tendrán efectos a largo plazo. Aunque los principios de la postura de trabajo de este capítulo reducirán al mínimo tus riesgos de lesión, al igual que en el deporte, la repetición puede acabar provocando lesiones. Si te cuidas manteniéndote en forma, haciendo estiramientos, recibiendo masaje regularmente (no, no una vez al año) y aplicándote a ti mismo los principios de la medicina preventiva, te mantendrás libre de lesiones.

Autoevaluación

1. ¿Cuáles son los siete principios de una postura de trabajo segura y eficaz?
2. Si tienes alguna molestia durante o después de dar masaje, ¿qué debes hacer?
3. ¿Cuál es la regla general al aplicar un pase más profundo?
4. ¿Cuáles son algunos de los síntomas que un cliente puede manifestar si la profundidad del masaje es excesiva en fuerza o velocidad?
5. ¿Desde qué zona principal se genera la profundidad de un pase de masaje?

5

Técnicas de masaje

Las técnicas básicas de masaje deportivo se originaron a partir del masaje sueco (acariciamiento, amasamiento, compresión, vibración, etc.). Con el tiempo, se han añadido herramientas adicionales, tales como las técnicas de liberación de la energía muscular, el trabajo miofascial y las técnicas neuromusculares, que provienen de otras profesiones relacionadas con el trabajo corporal, como la osteopatía y la fisioterapia. Esto ha conducido a las técnicas rehabilitadoras del masaje deportivo. Aprender los pases de masaje de este capítulo constituirá la base de tu formación. (En la tabla de las págs. 71-72 encontrarás un resumen de las técnicas de masaje tratadas en este capítulo.) Por muchas técnicas que sigas aprendiendo, estas técnicas básicas para los tejidos blandos siempre serán algunas de las mejores y más apreciadas por tus clientes.

Componentes de un pase de masaje

Cuando empieces a aprender a aplicar pases de masaje, tendrás que plantearte los siguientes componentes técnicos del masaje, que te ayudarán a desarrollar métodos eficaces de aplicación antes de empezar.

DIRECCIÓN   Las opciones de dirección son longitudinal, transversa y circular. Todos los pases, en todas las direcciones, pueden emplearse sobre el tronco, pero los pases longitudinales aplicados a las partes periféricas deben ser más profundos y más fuertes hacia el corazón y significativamente más ligeros en el retorno. Ello sirve para reflejar y trabajar con el sistema venoso/linfático de retorno. Los pases transversos son también adecuados para las piernas y los brazos. Si estás empleando un pase más reducido, como puedan ser las fricciones, los pequeños movimientos circulares no interferirán con este sistema.

PRESIÓN   Al principio, debes aplicar una presión ligera y superficial para calentar el tejido y prepararlo para un trabajo más profundo, así como para evaluar su estado y establecer qué zonas requieren atención. Una vez que el tejido ha sido suficientemente calentado, se pueden aplicar pases más profundos. Durante el tratamiento y al final del mismo, es siempre beneficioso drenar la sección sobre la que se ha trabajado, así como los tejidos circundantes utilizando acariciamientos.

Se emplee el grado de presión que se emplee, hay que masajear de manera consciente, sintiendo los diversos tejidos bajo tus manos y reaccionando ante cualquier tensión adversa. Las zonas de tensión pueden exigirte que ralentices y reduzcas la presión para lograr una respuesta favorable. Cuanto más profundices, más lento debes ir. Éstas son las zonas que requieren menos presión:

- Prominencias óseas (p. ej., vértebras).
- Zonas de menor masa muscular (p. ej., espinillas).
- Zonas de mayor sensibilidad (p. ej., pecho).
- Zonas que presentan estructuras sensibles subyacentes (p. ej., la arteria femoral detrás de la rodilla).

INSTRUMENTOS DEL TERAPEUTA   Los instrumentos del terapeuta consisten en el talón de la mano, los pulgares y demás dedos de las manos (reforzados), las técnicas ambodigitales (en las que una mano ayuda a la otra), puños, antebrazos y codos. (Más adelante se encuentran las técnicas básicas.) Los codos deben introducirse después de tener más experiencia y de que puedan utilizarse con sensibilidad. La consideración más importante es protegerte las manos y no sobrecargarlas o tenerlas tensas. Está bien documentado que

Técnicas básicas

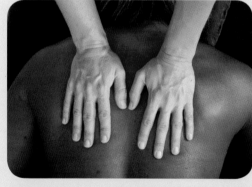

Talón de la mano.

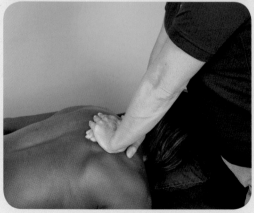

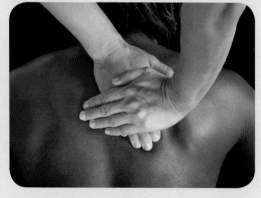

Reforzamiento de los dedos.

(continúa)

Técnicas básicas *(continuación)*

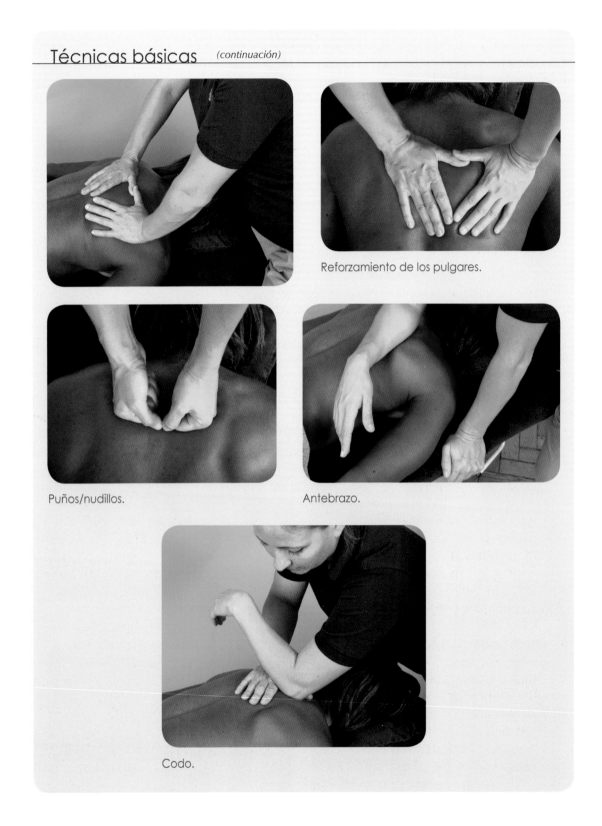

Reforzamiento de los pulgares.

Puños/nudillos.

Antebrazo.

Codo.

la carrera profesional de los terapeutas con una mala técnica es corta debido a lesiones por estrés repetitivo que afectan a sus manos, brazos, hombros y región lumbar.

Las manos son la herramienta más importante del arsenal del quiromasajista. Son sensibles, diestras y versátiles y pueden transmitir toda clase de informaciones sobre el estado de los tejidos. Cuando se empieza la formación, desde la primera vez que se ponen las manos sobre un cliente, hay que dejar que ellas se impongan a los ojos. Las manos te dicen más que la vista. Si tienes dificultades por no mirar lo que estás haciendo, prueba a cerrar los ojos, o bien a vendártelos al principio, para practicar y familiarizarte con la sensación. En el capítulo 4 se encontrará más información acerca de los movimientos y de "ver" a través de las manos.

Evita emplear los pulgares en la medida de lo posible. Deja que sean compañeros pasivos de tus manos. Es posible emplear los pulgares para trabajo específico sin cargar sobre ellos una fuerza excesiva ni tensarlos durante un movimiento y seguir siendo eficaz. Cómo lograrlo se explicará en los apartados técnicos relevantes.

RITMO Y VELOCIDAD   Cuanto más se profundice, más lentos deben ser los pases. El propósito es trabajar con el tejido, buscando la resistencia, sin forzar para penetrar. No apresures ni entrecortes los pases; mantén el mismo ritmo en toda la longitud del músculo y evita sacudidas al final del pase. Una transición suave de un pase a otro estimula a los músculos a permanecer relajados. Mantén un ritmo que haga difícil al cliente saber cuándo cambias de técnica.

LOCALIZACIÓN   La zona del cuerpo del cliente sobre la que estás trabajando influirá en tu elección de método, pase, velocidad, dirección y profundidad. Por ejemplo, al trabajar sobre el pecho, existen unas cuantas restricciones más respecto a la dirección del movimiento, la colocación de las manos y la profundidad. Además, para respetar el pudor del cliente hay más cosas que considerar que, por ejemplo, trabajando sobre las piernas. Ten en cuenta lo siguiente:

- Al trabajar sobre el pecho de una clienta, respeta su pudor trabajando por encima del borde de la toalla, que debe estar más arriba de la mitad superior de los senos. Mantén la vista apartada del pecho, ya que esto resulta muy intimidatorio. Colocar las manos y moverlas en la dirección apropiada es también importante para respetar el pudor de la clienta.
- La zona disponible para trabajar puede restringir tu opción de herramientas (p. ej., tener que usar las manos en vez del antebrazo). Si tienes las manos grandes y la zona sobre la que estás trabajando es pequeña, tal vez tengas que introducir más ajustes. Es posible que sólo puedas utilizar los dedos en vez del talón de la mano.
- Los tejidos blandos pueden ser muy sensibles. Por tanto, tendrás que emplear una velocidad menor.
- En la mayoría de las personas, el espesor de los músculos no es muy grande; por consiguiente, puede ser un problema ejercer sobre ellos una fuerza excesiva.

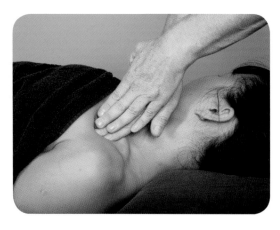

DURACIÓN   Un error frecuente en terapia es el exceso de entusiasmo. Los quiromasajistas terapéuticos a menudo tienen la idea de que necesitan arreglarlo todo en una sola sesión. Desgraciadamente, los tejidos no suelen reaccionar favorablemente si se trabaja sobre ellos en exceso. Cuanto menos, mejor; hacer menos te permite medir la reacción y los niveles de tolerancia del tejido.

Al principio, aplica tus técnicas de manera general, volviéndote más específico a medida que los tejidos se calientan. Aplica a la zona la gama apropiada de técnicas hasta sentir en el tejido un cambio, que puede ser pequeño, y luego termina con un drenaje general de la zona. Tal vez sólo necesites unos pocos minutos para lograr un cambio.

Otras consideraciones incluyen la salud actual del cliente y la fase de curación de los tejidos. Con clientes que tienen enfermedades previas (p. ej., diabetes) que puedan ralentizar o interferir con el proceso de curación, haz menos y supervisa sus reacciones, y luego vuelve a evaluar y aumenta la duración, profundidad, zona trabajada, etc. Esto te ayudará a determinar su tolerancia al masaje y sus efectos.

CONSEJO   He aquí algunos consejos sobre la aplicación del masaje:

- Evita mirar.
- Acuérdate de que cuanto más lento, mejor.
- Empieza a un nivel superficial, pasa a un trabajo más profundo y termina con pases superficiales.
- Trabaja reforzando los dedos de las manos.
- Evita emplear los pulgares.
- Mantén las manos relajadas.
- Trabaja de manera general, pasa a un trabajo más específico y termina con pases drenantes generales.
- Los movimientos deben ser rítmicos.
- Pasa de manera fluida de una técnica a otra.
- Genera los movimientos a partir de las piernas.

Una idea falsa generalizada es que el masaje requiere un trabajo físico y un esfuerzo considerables. Si aplicas los principios del capítulo 4, el masaje, en su mayor parte, debe ser realizado sin esfuerzo aparente.

Con la práctica, los diversos componentes y pases empezarán a fluir unidos y a conectarse sin fisuras. Al principio, puede que todo ello se sienta extraño y desconectado. Sigue repasando cada uno de estos componentes, volviendo a ver y a reevaluar tus movimientos. Recaba la opinión de las personas sobre las que practiques. Para opiniones más concretas, busca a quienes hayan recibido formación en masaje y te puedan dar consejos técnicos. También puedes aprender mucho recibiendo masaje. Experimenta diferentes tipos de masaje realizados por diversas personas de las que puedas coger ideas y a quienes puedas plantear preguntas.

COMUNICACIÓN CON EL CLIENTE

Basándome en la experiencia, siempre que he sentido que un pase mío ha sido algo torpe, o que simplemente no me ha parecido bien, ha sido igual para el cliente. El masaje debe siempre ser placentero para ambos. Si lo que estás haciendo lo sientes bien, será más probable que tu cliente también lo sienta así.

Acariciamiento

El acariciamiento es la técnica con la que se inicia un masaje y a ella se vuelve reiteradamente a lo largo del mismo. Tiene una vasta gama de propósitos y efectos que lo convierten en una técnica muy versátil e importante. Los acariciamientos pueden aplicarse tanto superficialmente, lo cual tiende a tener un valor reflejo, como profundamente, lo cual posee un valor más mecánico. Sirven para extender la loción y calentar los tejidos. Dependiendo de la velocidad de aplicación, bien el acariciamiento provoca un efecto calmante y relajante tanto fisiológica como psicológicamente, o bien estimula. Es una de las principales formas de evaluación superficial y profunda. Se emplea como técnica de conexión entre un pase y el siguiente, y funciona como procedimiento de drenaje para ayudar a la circulación general y al retorno del líquido linfático.

CONSEJO Propósitos del acariciamiento:

- Técnica introductoria.
- Calentar
- Extender la loción
- Drenar.

- Calmar o estimular.
- Conectar pases de masaje.
- Palpar y evaluar.

Para realizar acariciamientos, mantén relajadas las manos. Si te estás poniendo rígido, sacude las manos para dejarlas flexibles y relajadas y colócalas así sobre el cuerpo, tratando de mantener esta delicadeza durante todos tus movimientos. Tu potencia y fuerza deben provenir de la mitad inferior de tu cuerpo. (En el capítulo 4 encontrarás más información sobre la buena mecánica corporal.) La mayor parte de la energía debe transmitirse a través del talón de las manos, seguida por una ligera tensión en los dedos índice, corazón, anular y meñique. Los pulgares deben permanecer mayormente pasivos. Lo normal es que la dirección del pase sea longitudinal, viéndose seguida la aplicación más profunda hacia el corazón por un pase de retorno significativamente más ligero. Esta regla se aplica al trabajar sobre las partes periféricas. Entre las direcciones alternativas se incluyen la transversa y la circular. Es posible volver a los acariciamientos durante todo el masaje. Para realizar un pase de acariciamiento más profundo, aumenta la presión, o la potencia, partiendo de las piernas (consulta también el apartado *Pases profundos* más adelante en este mismo capítulo).

Pase de acariciamiento longitudinal.

Pase de acariciamiento transverso.

Amasamiento

El amasamiento en francés se denomina *pétrissage,* término que proviene de *pétrir,* que significa "amasar". Es un pase más profundo que los acariciamientos y a menudo los sigue. Incluye movimientos tales como el amasamiento propiamente dicho (digital, palmo-digital, transversal, nudillar o circular), el rodamiento, el pellizcamiento, la compresión y el vaciado. Como en el acariciamiento, la dirección y presión del pase varían.

CONSEJO   Propósitos del amasamiento:

- Realizar un pase más profundo.
- Separar el tejido, liberar adherencias.
- Relajar o estimular.

El amasamiento se aplica mejor implicando todo tu cuerpo en el movimiento y no sólo los brazos o las manos. Logrando que el impulso provenga de las piernas y la acción de reunión de los músculos abdominales, transmitirás menos estrés físico a través de tus hombros y tus brazos. Al utilizar las diversas formas de amasamiento, evita utilizar en exceso el pulgar. Debe reservarse para momentos en que tengas que hacer un trabajo más específico, como las fricciones o los pases profundos. En general, los pulgares deben permanecer pasivos y seguir el movimiento, desempeñando un papel de apoyo en vez del rol más destacado.

Dispón tus brazos en círculo, manteniendo los codos apartados y los brazos ante ti, conservando una posición erguida. Utilizando una posición simétrica y moviendo ligeramente las piernas de un lado a otro, reúne el tejido desplazándolo hacia tu otra mano. Para hacer este mismo pase sobre las piernas, tus caderas tendrán que atrasarse y adelantarse para generar el movimiento de tus brazos, dando lugar a un pase más transversal que longitudinal. Aunque hayas cambiado de dirección, esto te permitirá trabajar con el sistema circulatorio de las piernas, ya que no estás trabajando en contra de la dirección de la circulación.

Pase de amasamiento circular sobre el tronco.

La presión de la mano que va hacia la línea media tiene que coincidir con la de la otra mano, que viene en la dirección contraria; si no, se sacará la pierna del cliente de la camilla. Otra posibilidad es sujetar la pierna del cliente con una mano mientras se aplica el pase con la otra. Al aplicar esta técnica, es más útil tener los pies muy apartados en una posición simétrica. En esta posición se puede generar la potencia a partir del tronco y las caderas a través de las manos haciendo que la acción de empujar y tirar provenga de ellas. Evita utilizar los hombros, ya que te obligará a realizar una torsión con la parte superior de la espalda sometiéndola a un estrés indebido.

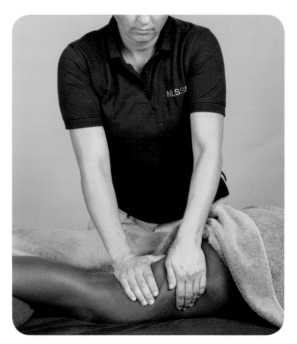

Constricción alternativa.

Como su nombre indica, el amasamiento propiamente dicho o palmodigital puede compararse con trabajar con masa de pan. Consiste en manipular el tejido de diversas maneras: pellizcando, apretando, moviéndose en círculos o trabajando transversalmente. Esta técnica es versátil y es la que presenta menos normas de aplicación.

Amasamiento palmodiginal.

Compresión

La compresión o constricción puede utilizarse durante todo un masaje normal, así como en competiciones deportivas, como técnica seca para calentar los músculos y aumentar la circulación sanguínea. También puede aplicarse a través de la ropa o de una toalla y viene bien al trabajar en competición cuando el atleta lleva puesto mucho equipo y no puede quitárselo. Puede utilizarse después de la aplicación de un pase más profundo, para relajar un músculo que se ha tensado. La compresión se asemeja en parte a la acción de una esponja; apretar expulsa el líquido y la liberación absorbe más fluidos. Esta acción de bombeo ayuda a drenar los tejidos.

CONSEJO Propósitos de la compresión:

- Técnica seca.
- Calentar.
- Drenar.
- Relajar.

- Desativar músculos hipertónicos.
- Centrarse en otros receptores.
- Desactivar contracturas musculares.

Hay que aplicar la compresión en un ángulo de unos 45 grados, lo cual asegura que no se está presionando los tejidos blandos contra el hueso, sino administrando una presión confortable y luego liberándola. La profundidad depende del propósito (superficial o profunda) y de la zona sobre la que se está trabajando. Por ejemplo, debido a que los glúteos son músculos profundos y fuertes, pueden tolerar mucha presión; los brazos no pueden tolerar tanta. Para trabajar más superficialmente, hay que disminuir la presión transmitida desde el pie y reducir el ángulo del pase de masaje. Los glúteos son los músculos más grandes y profundos para esta técnica y pueden soportar una presión bastante considerable, pero pregunta siempre al cliente para medir su nivel de confort. Un método de compresión profunda es aplicar las técnicas utilizando el puño. Comprueba que tu muñeca está alineada con el brazo; puedes emplear la otra mano para reforzar la muñeca y ayudar a controlar el movimiento. Acuérdate de que la potencia provenga de tus piernas a través de la alineación del tronco y los brazos.

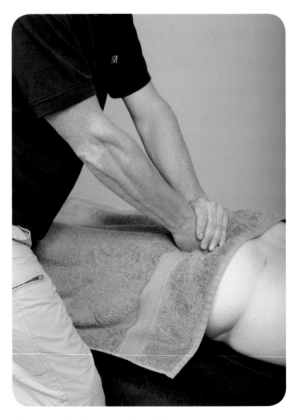

Compresión del músculo glúteo.

Otra posibilidad es utilizar diversas posiciones para apartar el músculo del hueso, comprimiendo y despegándolo. Por ejemplo, siéntate en la camilla en posición erguida. Sacando lateralmente los codos, utiliza el talón de las manos para aplicar presión a los gemelos apartándolos de los huesos. Presiona y suelta trabajando poco a poco hacia la rodilla, recordando que la circulación sanguínea se dirige hacia el corazón. Esta posición sólo es adecuada si las dimensiones de tu cuerpo y de tu cliente son similares. Si ves que te cargas de hombros para apoyar su pie sobre tu hombro, opta por un método de aplicación alternativo. Sé consciente de que haciendo este tipo de compresión y liberación estás presionando una mano hacia la otra y que el tejido puede seguirse comprimiendo mientras las manos asumen el papel del hueso y se convierten en la fuerza que contrarresta el movimiento.

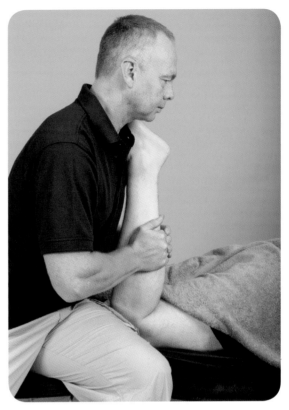

Apartar los gemelos del hueso.

Pases profundos

Los pases profundos pueden clasificarse como movimientos de acariciamiento profundo o de amasamiento profundo. Muchas personas tienen la falsa idea de que para aplicar un pase profundo hay que presionar más con las manos o los brazos. Mis clientes a menudo creen que soy más fuerte de lo que soy, cuando en realidad he aprendido a utilizar mi cuerpo efectivamente para aplicar un masaje más profundo sin esfuerzo. Así que, de nuevo te remito al capítulo 4: a fin de trabajar con mayor profundidad y fuerza, debes utilizar todo tu cuerpo para aplicar el pase, no sólo el pulgar o el codo, lo cual puede sentirse insignificante o agresivo. Siempre que apliques un pase profundo, tienes que mantener el movimiento bajo control y trabajar en colaboración con el tejido. Ser demasiado enérgico y trabajar con excesiva rapidez puede provocar daños a los tejidos. Recuerda que, cuanto más profundices, más lento debes ir.

CONSEJO Propósitos de los pases profundos:

- Separar las fascias de los tejidos.
- Liberar adherencias.
- Realinear el tejido.
- Desarrollar un fuerte tejido móvil.

El control de cualquier pase de masaje debe provenir de las piernas (ver capítulo 4, *Mecánica corporal*), con los brazos colocados ante ti. En algunos casos, inclinar tu cuerpo para acompañar al movimiento generará más fuerza, pero también tenderá a aplastar el músculo contra el hueso, lo cual puede resultar incómodo.

Cualquier ocasión es buena para reforzar tus dedos, especialmente si tienes hipermovilidad en las articulaciones. Esto te ayudará a proteger y prolongar tu carrera como quiromasajista terapéutico. Puedes ayudar a tus dedos utilizando otros dedos, o bien aplicando el talón de la mano. Puede hacerse lo mismo al utilizar el pulgar. La parte de tu mano que esté estableciendo contacto con el cliente debe permanecer relajada. La fuerza se traslada a través de la mano que se halla encima y la potencia del pase proviene de tus piernas. Más aclaraciones, en el capítulo 4.

Para emplear el pulgar reforzado de esta manera, colócalo en el surco de la otra mano, y luego da la vuelta a la mano y colócala sobre el cliente. La potencia proviene de la mano superior y la inferior, que es la que establece contacto con la piel del cliente, se encuentra relajada. Si la mano superior se agarrota, el pulgar se sentirá como un cuchillo; relájate y no dejes que eso ocurra.

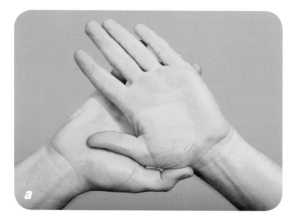 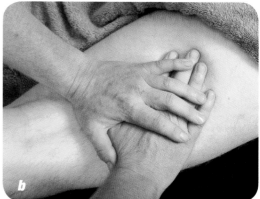

(a) Pulgar de una mano reforzado con el de la otra y *(b)* colocación de los pulgares sobre un cliente.

La clave de este pase suave y eficaz es mantener el codo bien pegado a la cadera, y que al adelantarse la fuerza sea generada desde la cadera. Por tanto, si ves que tu brazo ha perdido contacto con tu cuerpo, es señal de que el esfuerzo del pase se ha trasladado a tu brazo y se ha apartado de tu cadera. Pegar bien el codo a la cadera facilita el pase, mientras que perder contacto somete tus brazos, hombros y espalda a tensión. Éste puede ser un pase muy fuerte, por lo que debes acordarte de proceder más lentamente y consultar al cliente para establecer lo que le resulta confortable.

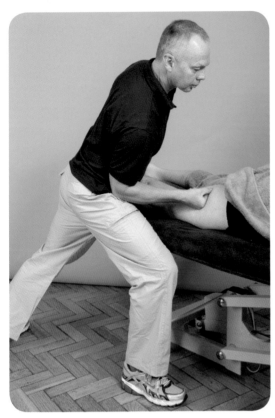 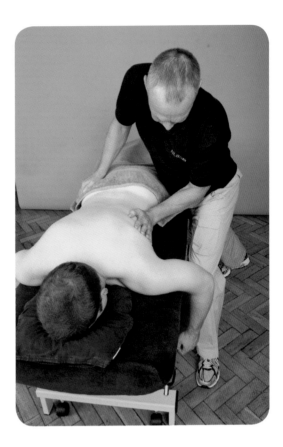

(a) Puño y *(b)* talón de la mano.

Tanto al emplear el puño como el talón de la mano, no dejes de colocar tu cuerpo de tal modo que estés en un ángulo de 45 grados, estimulando así a los tejidos a moverse a lo largo del hueso en vez de presionar contra él.

COMUNICACIÓN CON EL CLIENTE

Al emplear un pase con su brazo pegado al tronco, los quiromasajistas tienen tendencia a perder la posición. La rodilla supera la vertical de la punta del pie, estresando la rodilla. Son también propensos a dejar que el brazo se aparte de su cuerpo, lo cual a su vez reduce la consistencia y estresa el hombro y el brazo. Es mejor moverse y recolocarse para terminar el masaje en vez de mantener los pies pegados al suelo.

El talón de la mano es el punto focal para transmitir la presión al tejido sin estresar los dedos. Comprueba que tus dedos están relajados y en contacto con el tejido. Mantenlos sueltos en vez de rígidos. Los dedos realizan su cometido en el movimiento, pero deben seguir al talón de la mano en vez de dirigirlo. El talón de la mano en este caso es el líder. Para terminar el pase recorriendo la musculatura de la pierna en toda su longitud, tienes que asegurarte de que tus dedos estén apuntando en la dirección contraria a ti y no acaben en lugares que no deban. Mantén los brazos en círculo, para que tus dedos estén apuntando automáticamente en la dirección correcta, sea cual sea la línea de la pierna sobre la que estén trabajando.

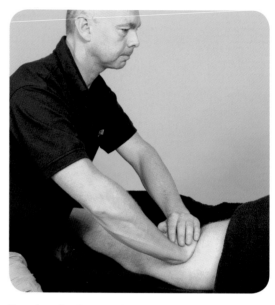

Pase longitudinal profundo utilizando una mano reforzada con la otra.

Siempre que optes por utilizar el codo, comprueba que la profundidad del músculo puede soportar la precisión y fuerza que es capaz de ofrecer. Al principio, los alumnos siempre comentan que no pueden sentir nada; pero, a medida que emplees más el codo, tu sensibilidad aumentará. Por lo tanto, al principio debes utilizarlo con cautela, para mantener un enfoque fuerte pero suave. Una comprobación rápida para evitar ser invasivo es asegurarse de que tu mano y tu muñeca están relajadas; esto se trasladará a todo el brazo y ayudará a prevenir cualquier fuerza no deseada. Desciende adoptando una posición más amplia, a fin de mantener la alineación del tronco respecto a los pies. Esto te protegerá la espalda y serás capaz de aplicar un pase adecuadamente profundo sin presionar directamente contra el hueso. Para añadir protección y control, puedes colocar la otra mano alrededor del codo, utilizando el espacio existente entre el pulgar y el índice.

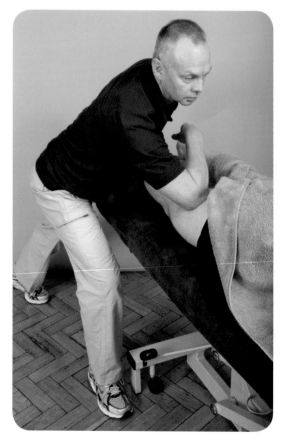

Pase profundo utilizando el codo.

COMUNICACIÓN CON EL CLIENTE

Una manera sencilla de comprobar si tu brazo está relajado es verificar lo que están haciendo tu mano y tu muñeca. Visualiza mentalmente lo flexible pero fuerte que es el movimiento de un cisne. Mantén la muñeca relajada en forma del cuello y la cabeza de un cisne; esto fomentará un movimiento profundo pero suave a través del tejido.

Utilizar el antebrazo es útil sobre la mayoría de las partes del cuerpo, pero hay que tener cuidado al aplicar esta técnica a la espalda. Tienes que ser consciente de las prominencias óseas, en especial la columna vertebral. Asegúrate de estar usando la porción de tejido blando del antebrazo y evita cualquier presión sobre las vértebras. Cuando llegues a la zona de las escápulas, cambia la dirección de tu brazo para evitar presionar directamente sobre el hueso. Al emplear tu antebrazo sobre el tronco, utiliza la parte voluminosa de su musculatura para aplicar este pase. Mantén tu brazo por delante de ti para empujar sobre el tejido en vez de estar alineado con el movimiento y comprimir así los músculos contra las costillas. El ángulo de tu brazo es tal que la mano está bastante más baja que el codo; esto estimulará al codo a elevarse y te impedirá presionar contra las prominencias óseas de la columna.

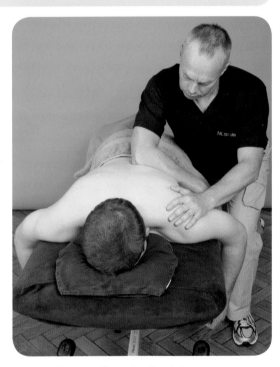

Pase profundo utilizando el antebrazo.

Hay dos puntos que has de tener presentes al trabajar directamente sobre una zona concreta. Primero, considera si estás comprimiendo el tejido contra el hueso y causando alguna molestia a tu cliente. Segundo, hay que tener en cuenta el ángulo en el que estás trabajando con tu muñeca. Cuanto más se acerque a los 90 grados, mayor será el estrés al que estás sometiendo a la articulación. Aunque a veces esto pueda parecer necesario para trabajar en esta posición, no es recomendable convertirlo en práctica habitual. Colócate sobre tu brazo extendido. En esta posición, para generar la potencia normalmente basta con el peso de tu cuerpo cayendo hacia el suelo a través del movimiento. Sé

Trabajando directamente sobre el tejido.

consciente de las estructuras existentes bajo tus manos y comprueba que tu cliente no esté soportando un estrés indebido.

Utilizando el brazo extendido, colócalo en el lado contrario del cuerpo al que estás trabajando. Es importante generar el movimiento desde las caderas con los brazos extendidos, esto creará un pase suave, profundo o superficial, con soltura. Para que sea específico o amplio, puedes modificarlo aplanando la mano o bien reforzando los dedos, según se precise. Puede utilizarse sobre el tronco, los hombros, las piernas y la zona de las caderas y produce una excelente sensación. Colocando una mano sobre la otra, adopta la forma de la parte del cuerpo con la que estás trabajando, extiende los brazos, deja que los hombros se relajen y, utilizando una amplia posición asimétrica, tira hacia atrás utilizando las caderas. Ésta es una de las ocasiones en que se requiere dejar que las caderas dirijan el movimiento, como si te fueras a sentar en una silla. Esta técnica puede aplicarse también a todo el tronco.

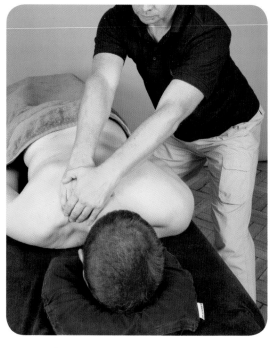

Pase profundo empleando los brazos extendidos. Nótese cómo las caderas están tirando hacia atrás.

CONSEJO   Si el músculo da una sacudida al final del movimiento del hombro, ralentiza la velocidad y aligera la presión al final del pase.

Vibración

Convencionalmente, la aplicación de vibración implica rápidos movimientos que se ajusten al ritmo de los impulsos nerviosos que llegan a los músculos. Debido a que ese ritmo es demasiado rápido para poder reproducirlo sin aumentar el riesgo de lesión a las articulaciones y otras estructuras (incluyendo las tuyas propias), lo mejor es utilizar un ritmo acompasado que te convenga tanto a ti como a la capacidad receptiva de las estructuras. La vibración puede emplearse en la situación de una competición o durante una sesión de masaje. Ayuda a relajar o estimular los músculos, dependiendo de la fuerza y vigor de la aplicación. Puede aplicarse superficial o profundamente, con suavidad o con fuerza. Siempre que sea un movimiento más vigoroso, las articulaciones deben protegerse. Si necesitas lograr un mejor agarre, especialmente si estás usando loción, trabaja con una toalla de por medio.

CONSEJO   Propósitos de la vibración:

- Técnica seca.
- Reducir la hipertonicidad muscular.
- Relajar.
- Estimular.

Es importante mantenerse relajado mientras se aplican movimientos de vibración. Cualquier tensión que tengas se trasladará a la técnica y hará que tus movimientos se sientan entrecortados y rígidos. Tanto tú como tu cliente tenéis que sentir el masaje como un movimiento fluido y rítmico.

Con el cliente en posición prona, flexiona su pierna y pon tu mano sobre su talón. En esta posición puedes mover el tejido con una de tus manos mientras sujetas el talón del cliente, o bien atrasar y adelantar ligeramente la pierna utilizando la mano sobre el talón de manera rítmica. La clave para aplicar esta técnica en esta posición es no forzar el músculo a moverse, sino estimularlo a moverse fácilmente de un lado a otro.

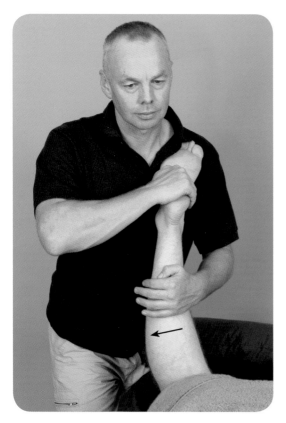 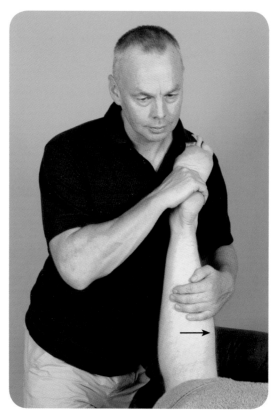

Demostración de vibración aplicada sobre una pierna flexionada.

COMUNICACIÓN CON EL CLIENTE

En todas las técnicas de movimiento con vibración hay que lograr una cierta profundidad y control mientras el movimiento se mantiene relajado. Es posible aplicarlo ligera o profundamente, pero lo importante es controlar el movimiento y mantenerlo dentro de una zona reducida. En cierta medida es como agitar agua en un jarrón; parece fácil, pero es controlado. Tus manos se convierten en la estructura que impide que el tejido se desplace excesivamente, permitiéndole así relajarse mientras es capaz de sentir que está en un entorno controlado.

Coloca la palma de tu mano sobre los grandes grupos musculares de la espalda y sacude arriba y abajo o lateralmente (o, mi preferido, en círculo). Puedes aplicar esta técnica ligeramente sobre el tejido superficial, o profundamente reuniendo las capas. Se aplica el mismo principio que en otras técnicas: cuanto más profundices, más lento debe ser el movimiento.

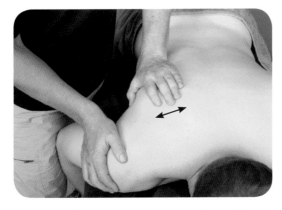 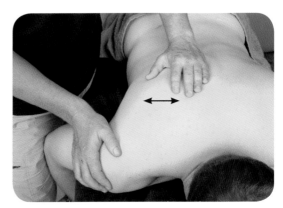

Demostración de vibraciones sobre la espalda.

Al trabajar sobre el brazo, sé consciente de los efectos que este movimiento tendrá sobre la articulación del codo. Coloca tus manos a cada lado del brazo y rota el tejido de la parte anterior a la posterior mientras vas bajando por el brazo. Se parece en cierta medida a frotar plastilina entre las manos para hacer una larga estructura en forma de mecha. No exageres la rotación. Asimismo, si hay cualquier sonido o sensación que indique que la articulación se está estresando, cambia el ritmo y profundidad de aplicación o bien opta por otra técnica.

CONSEJO   Si tienes problemas para ponerte de rodillas, ésta no es la posición adecuada para ti. Adopta siempre una posición cómoda y estable.

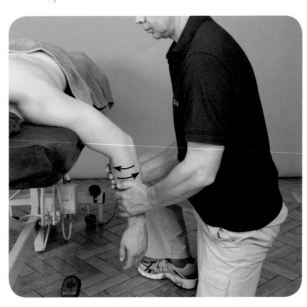

Demostración de vibraciones sobre
el brazo.

Percusión

En francés e inglés esta técnica se denomina *tapotement,* que significa "golpetear, tamborilear, repiquetear o dar palmaditas". Una buena forma de concebirla es asociarla con la percusión musical. Igual que en ella, esta técnica exige coordinación y ritmo. Puede aplicarse con suavidad o con fuerza, rápida o lentamente, dependiendo del fin perseguido. Es otra técnica seca que no requiere lubricación. Puede utilizarse en diversas circunstancias, tales como el trabajo en competiciones y pruebas deportivas, pero también con clientes que tengan dificultades respiratorias como las de la fibrosis quística o el asma. En tales circunstancias, el golpeteo ayuda a liberar la acumulación de mucosidad en el pecho.

CONSEJO   Propósitos de las percusiones:

- Relajar.
- Estimular.
- Mejorar el tono muscular.
- Estimular la piel.
- Estimular la contracción muscular.

- Técnica seca.
- Liberar la acumulación de mucosidad en los pulmones.
- Estimular los receptores sensoriales.

La clave para aplicar esta técnica es mantener una posición erguida y los brazos relajados. Manteniendo las piernas relajadas y flexionadas y los brazos en ángulo recto, es posible controlar la fuerza y actuar con tanta fuerza o suavidad como se precise. Los diversos métodos de percusión son adecuados para diferentes situaciones. Por ejemplo, cuando se necesita una aplicación más difusa de la técnica, es preferible el palmoteo ahuecando las manos.

Al emplear la percusión, hay que evitar incidir sobre prominencias óseas como las vértebras. Sé prudente al trabajar sobre la zona renal y en la región lumbar en clientas que se encuentren en una parte sensible de su ciclo menstrual. Otra área sensible de la que ser consciente es la cara posterior de las rodillas. Sigue moviéndote de un lugar a otro, evita percutir sobre el mismo punto repetidamente, trata de ser metódico y de no espaciar en exceso tus zonas de contacto.

Los siguientes son unos cuantos ejemplos de técnicas de percusión. No a todos los masajistas les parecen fáciles estas técnicas; elige las que te convengan y ve practicando las demás con el tiempo.

CACHETEO CÚBITO-RADIAL   El cacheteo cúbito-radial se aplica utilizando el borde interno de las manos, manteniendo los dedos y las muñecas relajados, y dejando que los dedos golpeen el tejido. Si el sonido es macizo, es señal de que tus dedos están demasiado rígidos. Trata de relajarlos algo más de manera que oigas una rápida sucesión de sonidos.

Cacheteo cúbito-radial.

CACHETEO CON LAS MANOS UNIDAS   La clave de esta técnica es mantener los codos abiertos, los talones de las manos presionados uno contra otro y los dedos relajados. Como en el cacheteo cúbito-radial, el sonido debe ser rítmico en vez de un golpazo macizo.

 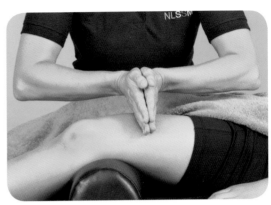

Cacheteo con las manos unidas.

PALMOTEO AHUECANDO LAS MANOS
Para ahuecar las manos, piensa en juntar las manos como si trataras de recoger agua con ellas; luego sepáralas y dales la vuelta de manera que queden mirando hacia abajo, pero sin perder esa forma, que has de mantener sin ponerte demasiado rígido. Tienes que ser capaz de producir un sonido hueco, no de palmada.

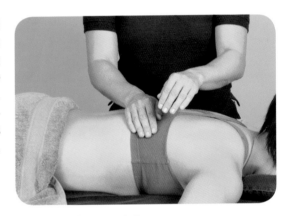

Palmoteo ahuecando las manos.

GOLPETEO CON LAS MANOS UNIDAS
Para realizar esta técnica, hay que adoptar la posición del palmoteo ahuecando las manos y luego unirlas por las palmas creando una estructura que se parezca a una vaina. La idea es mantener este espacio al establecer contacto y dejarlas ligeramente relajadas sin hundirlas del todo. El sonido debe ser como si el aire escapase entre las manos. Puede ser difícil lograr el sonido correcto y controlar las manos. Los errores típicos son dejar que las manos se hundan en exceso al establecer contacto, estar demasiado rígido o dejar que las manos se separen.

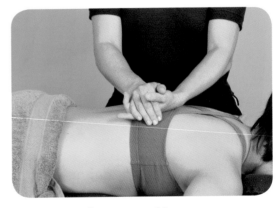

Golpeteo con las manos unidas.

GOLPETEOS DIGITALES El golpeteo digital es la más ligera de todas estas técnicas. Al aplicarla no se escucha más sonido que el ligero golpeteo de las yemas de los dedos.

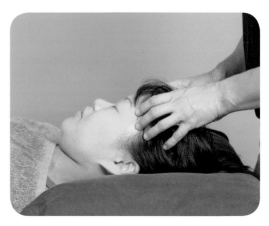

Golpeteos digitales.

Fricciones

Uno de los propósitos principales de las fricciones es liberar adherencias fasciales, así como tejido cicatricial, y estimular el movimiento en el tejido apelmazado. Las fricciones estimulan la separación y estiramiento del tejido mediante la aplicación de pases superficiales, profundos y precisos. También separa del músculo el tejido, lo cual aumenta la circulación y el movimiento en la zona y fomenta un tejido fuerte y móvil, restableciendo así su función. Entre las precauciones y contraindicaciones se incluyen la fragilidad cutánea, las infecciones en la zona, el tejido cicatricial reciente y la disminución de la sensibilidad debida a ciertas enfermedades (p. ej., la diabetes).

CONSEJO   Propósitos de las fricciones:

- Aflojar tejidos tensos.
- Liberar adherencias y tejido cicatricial.
- Desarrollar tejido fuerte y móvil.

- Realinear tejidos.
- Estimular una reparación óptima del tejido blando.
- Normalizar tejidos lesionados.

En su sentido clásico, *friccionar* significa restregar entre sí dos superficies unidas para generar calor, lo cual implica que la acción es enérgica. Las fricciones pueden realizarse rápidamente al aplicarse de manera superficial, pero tienen que modificarse al trabajar profundamente. Ralentizar la velocidad, dejando que el tejido se "funda" bajo la presión y moverlo conscientemente provocará un cambio significativo.

El pulgar, los demás dedos, los nudillos y los codos son los instrumentos de elección normales. Si tienes excesivamente doblados los pulgares, evita usarlos, porque hacerlo puede estresar tus articulaciones y opta en cambio por un método más cómodo (p. ej., reforzar los pulgares o los demás dedos). Para examinar si tienes el pulgar hiperextendido, apunta simplemente con él hacia arriba como para hacer la señal de que todo va bien; si se dobla hacia atrás, emplea otro método. Si tu pulgar se parece al de la derecha (ver la foto de esta página), que presenta una mayor curvatura, se recomienda que evites usar el pulgar lo más posible. Habrá un mayor riesgo de lesión articular, porque no podrá mantener las exigencias a las que se le somete. Por lo tanto, yo sugeriría que desde el comienzo mismo de tu carrera, adoptes métodos alternativos en los cuales apliques tus pases más profundos y más específicos.

Pulgares normal y con hiperextensión.

CONSEJO   Reduce al mínimo el empleo de un solo pulgar como instrumento, especialmente si se dobla hacia atrás superando al extenderlo la línea recta. Es mejor usar un solo pulgar para trabajo muy específico y sobre músculos que no sean grandes pero en los que tengas que penetrar para llegar a la zona en la que quieres trabajar. Una opción mejor es utilizar el pulgar reforzado, lo cual te permitirá localizar con exactitud una zona concreta sin someter a tensión ni luxar tus articulaciones.

Para emplear una técnica con el pulgar reforzado, coloca una mano sobre el cuerpo del cliente con el pulgar apuntando hacia fuera; esta mano y el pulgar permanecen pasivos, lo cual significa que no tienen tensión. Pon después la otra mano encima, utilizando el surco de la mano superior para fijar el pulgar. La presión del movimiento proviene de la mano superior, y la potencia debe dirigirse desde las piernas. Si quieres ser más específico, puedes flexionar ligeramente el pulgar bajo la mano si tu articulación puede tolerarlo. Si sientes molestias o tensión en la mano, es que o no estás aplicando correctamente la técnica, o no es adecuada para ti.

Pueden emplearse movimientos de fricción pasivos o activos. Un movimiento es pasivo cuando el cliente se relaja y eres tú quien inicia el movimiento. Con un movimiento activo, el cliente controla el movimiento. La técnica pasiva te permite controlar a ti el movimiento y ser más preciso. También previene movimientos incontrolados que puedan provocar daños a los tejidos. Realizando la técnica pasivamente antes de que el cliente la lleve a cabo activamente, puedes demostrarle lo que se espera que haga. Pedir al cliente que realice un movimiento activo aumenta tus posibilidades de trabajo, ya que, poniéndole a él a hacer el movimiento, habrás liberado una mano.

La profundidad de tu técnica de fricción viene determinada por la parte del cuerpo sobre la que estés trabajando, el propósito que persigas (masajear superficial o profundamente) y la tolerancia del tejido del cliente. Las diferencias entre trabajar sobre el glúteo mayor y sobre el pecho se ponen en evidencia por la profundidad de los tejidos. Cuanto mayor sea el músculo y más profundamente tengas que trabajar, mayor es la importancia de aplicar la técnica correctamente y utilizar el instrumento adecuado. Para músculos mayores, puede optarse por usar el codo, pero en zonas donde el músculo sea menos profundo (p. ej., sobre la escápula y a su alrededor), es preferible usar los dedos reforzados. Es igualmente importante evaluar la tolerancia al dolor del cliente y si estás aplicando demasiada presión. En el apartado de *Evaluación del dolor* del capítulo 9, *Evaluación del cliente*, se trata exhaustivamente este tema.

De la misma forma que aplicas pases profundos, puedes aplicar fricción empleando instrumentos similares y seguir los mismos principios de aplicación. La principal diferencia es que los pases profundos son técnicas de desplazamiento con las que se recorre el músculo a lo largo o a lo ancho, mientras que la fricción suele consistir más en permanecer en un punto en particular para disolver tejidos resistentes y endurecidos. Es posible elegir entre aplicar las fricciones transversalmente, longitudinalmente o en círculos, ayudando a ablandar y realinear las fibras. Se tiene la opción de emplear diversos instrumentos, como se ve en el apartado de pases profundos de este capítulo. Elijas lo que elijas, acuérdate siempre de drenar y relajar la zona con técnicas generales, tales como el acariciamiento, el amasamiento o la vibración.

Los 10 consejos principales para tener éxito en la aplicación de fricciones

1. Calentar primero los tejidos.
2. Colocar al cliente en una posición relajada.
3. No comprimir con fuerza contra el hueso.
4. Observar nuestra velocidad; no ir demasiado rápido.
5. Recabar la opinión del cliente.
6. Utilizar técnicas respiratorias para ayudar en la relajación.
7. No trabajar la zona en exceso.
8. Combinarlas con técnicas drenantes.
9. Utilizar crioterapia (con cubitos de hielo) (opcional).
10. Prestar atención a nuestra propia técnica; no estresar en exceso los dedos.

Tabla 5.1   Resumen de técnicas de masaje

Pase	Propósitos	Efectos	Contraindicaciones específicas
Acariciamiento	■ Calienta el tejido. ■ Introduce tu toque terapéutico. ■ Relaja al cliente. ■ Extiende la loción. ■ Te permite palpar y evaluar el tejido ■ Drena. ■ Es una técnica de conexión.	■ Mejora la circulación arterial, venosa y linfática. ■ Aumenta el metabolismo celular. ■ Reduce la tensión muscular. ■ Reduce el dolor. ■ Reduce la isquemia.	
Amasamiento	■ Relaja los músculos y la tensión general. ■ Permite profundizar el pase. ■ Separa el tejido (p. ej., adherencias fasciales, tejido cicatricial).	■ Mejora la circulación. ■ Estimula la actividad de las glándulas sebáceas, suaviza la piel. ■ Alivia el dolor.	

(continúa)

Tabla 5.1   *(continuación)*

Pase	Propósitos	Efectos	Contraindicaciones específicas
Compresión (constricción)	■ Calienta, drena y relaja. ■ Desactiva la hipertonicidad al emplear pases más profundos. ■ Reduce las contracturas musculares. ■ Puede emplearse como técnica seca en competiciones. ■ Afecta a otros receptores de los tejidos.	■ Incrementa la circulación. ■ Aumenta el calor. ■ Reduce el dolor.	■ Articulaciones laxas. ■ Compresión excesiva. ■ Enfermedades que cursan con fragilidad ósea (p. ej., osteoporosis).
Pases profundos	■ Separan tejidos, fascias. ■ Liberan adherencias. ■ Realinean tejidos. ■ Fomentan el tejido fuerte y móvil.	■ Incrementan la circulación. ■ Aumentan el movimiento.	
Vibración	■ Calienta. ■ Estimula la musculatura. ■ Relaja al cliente. ■ Puede utilizarse como técnica seca en competiciones. ■ Reduce la hipertonicidad muscular.	■ Incrementa la temperatura del tejido. ■ Reduce la sensibilidad al dolor. ■ Incrementa la circulación.	■ Vibración excesiva. ■ Enfermedades que cursan con fragilidad ósea (p. ej., osteoporosis). ■ Laxitud articular excesiva. ■ Laxitud articular a consecuencia de embarazo o hipermovilidad.
Percusión	■ Estimula los receptores sensoriales. ■ Puede utilizarse como calentamiento (aplicación ligera). ■ Relaja al cliente. ■ Puede utilizarse como técnica seca en competiciones. ■ Mejora el tono muscular. ■ Libera la acumulación de mucosidad en los pulmones. ■ Estimula la contracción muscular.	■ Incrementa la circulación.	■ Contracturas o calambres musculares ■ Atrofia muscular. ■ Zonas de concentración ósea. ■ Embarazo. ■ No debe emplearse percusión *fuerte* sobre los riñones y la región lumbar. ■ Osteoporosis severa.
Fricción	■ Afloja los tejidos tensos. ■ Libera adherencias fasciales y tejido cicatricial. ■ Realinea los tejidos y desarrolla conexiones fuertes. ■ Estimula una reparación óptima y la normalización de los tejidos lesionados.	■ Incrementa la circulación. ■ Aumenta la temperatura de los tejidos.	■ Hematoma ■ Miositis osificante (calcificaciones). ■ Lesiones agudas. ■ Fragilidad cutánea. ■ Infecciones vecinas. ■ Tejido cicatricial reciente. ■ Reducción de la sensibilidad.

Observaciones finales

Todas las técnicas de este capítulo constituyen una buena base, pero de ninguna manera se ven limitadas en su método o estilo de aplicación. A medida que adquieras experiencia, desarrollarás tu propio estilo, probarás diversos métodos, variarás tus técnicas o incluso las combinarás. He aprendido mucho observando a otros masajistas, combinando y poniendo a prueba las técnicas que ya poseo y recibiendo masaje. Como consecuencia de ello, he desarrollado mi propio método singular, como harás tú. Siempre que tu técnica sea segura, produzca una buena sensación y sea efectiva, posees todos los componentes adecuados para dar un masaje que haga volver a los clientes.

Autoevaluación

1. ¿Por qué hay que empezar los pases de masaje a nivel superficial?
2. ¿Qué técnicas pueden emplearse como técnicas iniciales de calentamiento?
3. Cita cuatro contraindicaciones y precauciones que deban tenerse presentes al emplear fricciones.
4. ¿Qué hay que considerar antes de aplicar percusión?
5. Para profundizar, se debe _____.

PARTE III

Aplicación del masaje deportivo

La gente tiene a menudo la idea preconcebida de que sólo hay dos posiciones en masaje: prona "y" supina. Sin embargo, a diferencia de los quiromasajistas convencionales, los deportivos cambian con frecuencia las posiciones de sus clientes para acceder más eficazmente a los músculos. Por tanto, al comienzo de tu formación tienes que aprender a mover al cliente. Yo te sugeriría que, mientras estudias esta parte III, vuelvas a consultar los capítulos 4 y 5, *Mecánica corporal* y *Técnicas de masaje,* ya que te ayudarán a reforzar una postura confortable y potente mientras trabajas en cada una de estas posiciones.

Los capítulos de esta parte tratan de posiciones de trabajo avanzadas en decúbito prono, supino y lateral y en posición sentada. Aprenderás a usar eficazmente la camilla para aplicar diversos pases. La atención se centra en la importancia de tu postura y en el manejo del cliente, lo cual establecerá el trabajo de base para técnicas de tejidos blandos más avanzadas. Las fotos demuestran ideas y te ayudan a visualizar la información escrita, pero en ningún caso están pensadas para reemplazar la instrucción práctica de un tutor. Un tutor puede compartir conocimientos y experiencias que te ayuden a ver la necesidad de realizar ajustes tanto en tu técnica como en la posición del cliente que tal vez se te hayan pasado por alto.

Cada capítulo se ocupa de la colocación de tu cliente, tu colocación y la aplicación de medidas de seguridad para ambos. Los recuadros con consejos hacen sugerencias acerca de cómo realizar autocomprobaciones, lo cual reforzará tu comprensión de la colocación segura y efectiva. En la medida de lo posible, los capítulos ofrecen descripciones completas de cada posición y de cada técnica, pero recuerda que queda espacio para desarrollar también tu propio método. Si en cualquier momento no te sientes cómodo realizando una técnica, vuelve a consultar lo que estás haciendo e introduce ajustes hasta que parezca natural y no te someta a ningún estrés

Masaje deportivo para posiciones en decúbito prono

Prono, tendido prono o *decúbito prono* son términos que se emplean para describir a una persona tumbada boca abajo en una camilla o sentada en una silla ergonómica de masaje. En la mayoría de las formas de masaje, la prona se considera la principal posición del cliente, pero en masaje deportivo es una más. La posición prona es útil para acceder a los músculos de la espalda y las partes posteriores de las extremidades del cuerpo. Proporciona fácil acceso a la mayoría de zonas corporales, pero sus limitaciones también han de tenerse presentes. Por ejemplo, en esta posición trabajas en vertical, penetrando en el tejido al descender la presión, lo cual a veces puede que no sea la mejor opción, debido a la profundidad o la colocación del músculo. Ten siempre presentes todas las demás posibilidades y elige la más adecuada para las circunstancias. En general, a los clientes les resulta fácil adoptar la posición prona y a menudo les ayuda a relajarse y calmarse.

CONSEJO Para no dejar de adaptarte a tus clientes y de ser sensible, trata de evitar empezar siempre el masaje con el cliente en posición prona. Considera las demás opciones de que dispones y elige la que más convenga a las necesidades de tu cliente y al propósito del tratamiento, en vez de caer en el hábito o la rutina de colocar al cliente boca abajo para empezar.

Al colocar a un cliente, asegúrate de que esté cómodo y sus articulaciones protegidas. Dispón almohadas o cojines de tal manera que sostengan e impidan que se le tensen las extremidades. Entre las diversas posibilidades, puedes colocarlos bajo los tobillos, las caderas, el pecho o los hombros, dependiendo de las necesidades del cliente.

- Colocar un soporte bajo los tobillos ayuda a prevenir la flexión plantar excesiva. Comprueba que el cojín esté apartado de las rodillas y soportando todo el pie. Asegúrate de que sea lo bastante blando para permitir el movimiento cuando cargues presión sobre la extremidad.
- Si existe un historial o indicaciones de problemas lumbares, coloca una almohada bajo la pelvis y la región lumbar.

- A las clientas con mucho pecho puede que les resulte más cómodo tener una almohada debajo de las costillas.
- Para sostener los hombros aquejados de protrusión, coloca debajo de ellos un par de toallas o de cojines pequeños.
- Si el orificio para la cara de tu camilla es incómodo o duro, un cojín especial para el rostro puede resolver el problema.

En las páginas siguientes se encontrarán instrucciones más avanzadas para aplicar técnicas de masaje deportivo a diversas zonas del cuerpo mientras el cliente se encuentra en posición prona. Elige técnicas adecuadas para esas zonas; por ejemplo, sobre el cuello la percusión no es una buena opción, pero sí lo es un suave acariciamiento transversal a cada lado de la columna cervical.

CONSEJO Recaba la opinión de tus clientes para asegurarte de que el soporte es adecuado y cómodo. Muchos clientes no te dirán que están incómodos a menos que se lo preguntes.

Al trabajar sobre el cuello, es importante establecer si el cliente tiene alguna afección que impida el trabajo en esa zona. Es una parte sensible del cuerpo y ha de afrontarse con precaución. Sé consciente de tu presión, no la aumentes y trabaja despacio, profundizando paulatinamente. Consulta al cliente ante cualquier signo de molestias.

Masaje del cuello – Técnica 1

Coloca las manos una encima de la otra utilizando las yemas de los dedos sobre cada lado de la columna cervical, aplicando uniformemente pases de acariciamiento desde las apófisis de las vértebras hacia el exterior y moviéndote transversalmente sobre los músculos. Un pase alternativo es trabajar longitudinalmente en cualquiera de las direcciones: hacia el hueso occipital o hacia el hombro.

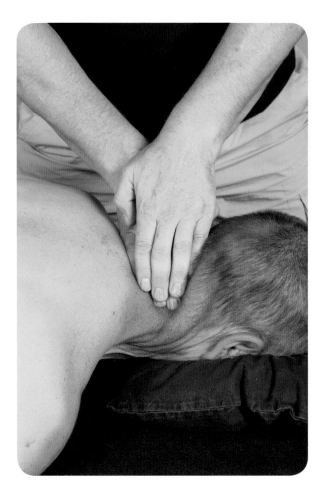

HOMBRO

Masaje del hombro – Técnica 1

Para aplicar un pase profundo sobre la porción anterosuperior del trapecio, coloca el talón de la mano en la parte interna del hombro. Dispón la otra mano en el hombro contrario para ayudar a estabilizar al cliente y para colocar tus caderas de frente y mirar en la dirección en que te estás moviendo. Apártate del cuello, evitando cualquier presión profunda sobre las estructuras óseas del hombro. Este pase ayudará a alargar los hombros separándolos del cuello.

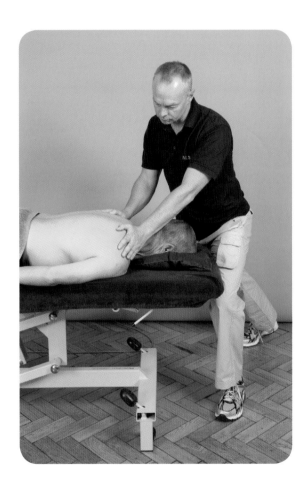

Masaje del hombro – Técnica 2

De pie sobre una pierna, coloca sobre la camilla, por encima del hombro del cliente, la rodilla más cercana a su cabeza. Mantén tus caderas y tronco de frente al movimiento, conservando una postura erguida. Dispón tus manos sobre el hombro contrario del cliente, trabajando por encima de la camilla. Utilizando un amasamiento rítmico, recoge y levanta el tejido. Manteniendo los brazos en círculo (conserva los codos abiertos), lograrás un movimiento mucho más fluido y potente.

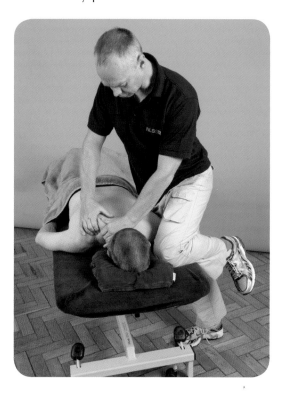

CONSEJO Si ves que tienes que elevar las caderas para poner la pierna en la camilla, baja la altura de ésta. Puede que esta posición más baja sea en realidad la que te convenga. Subirte a una plataforma o una caja no es nunca una manera segura de trabajar.

COMUNICACIÓN CON EL CLIENTE

Durante todos los capítulos, ten presente usar una combinación de pases y técnicas para lograr una fluidez constante al hacer las transiciones de un pase al otro. Desarrollarás tu propio estilo, teniendo presente cómo te gusta moverte alrededor de la camilla y qué técnicas prefieres, pero piensa siempre en la continuidad de tus movimientos y en cómo están conectados entre sí. Sirve de ayuda mantener lo más posible las manos sobre el cliente para no perder en ningún momento dicha fluidez.

Masaje del hombro – Técnica 3

Siéntate parcialmente sobre la camilla separando una pierna del suelo, pero utilizando la otra para fijar tu posición presionando con el pie contra el suelo. Coloca el brazo del cliente sobre tu pierna. Comprueba que tu postura esté erguida mientras aplicas los diversos movimientos de masaje. Esta posición te da acceso tanto a la parte anterior como a la posterior del hombro, así como al brazo.

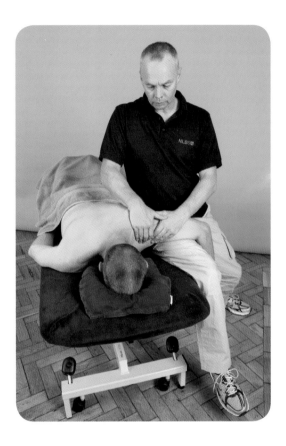

CONSEJO Ésta es una excelente oportunidad para trabajar sobre la parte anterior del hombro mientras el cliente se encuentra en decúbito prono. En clientes que presentan protrusión de hombros, suele ser la zona que hay que liberar. Elongar los músculos de la parte anterior permite que los hombros se abran y relajen. A menudo caliento los músculos en esta posición antes de dar la vuelta al cliente para realizar un trabajo más específico.

Masaje del hombro – Técnica 4

Masajear alrededor de la escápula puede resultar difícil en ocasiones, debido a la tendencia del tejido a estirarse en posición prona. Si es así, prueba a colocar tu brazo bajo el hombro del cliente mientras estás de pie y mirando hacia el tren superior del cliente. Recoge la parte superior de la articulación del hombro con la mano cóncava. Levanta el hombro presionando tu codo contra la camilla mientras levantas el talón de tus manos. Esto liberará el tejido, de manera que puedas trabajar sobre los músculos circundantes. Esta posición te permite realizar multitud de técnicas, tales como pases largos y profundos bajo la escápula y a su alrededor, y también te da la oportunidad de hacer estiramientos suaves y trabajo de movilización.

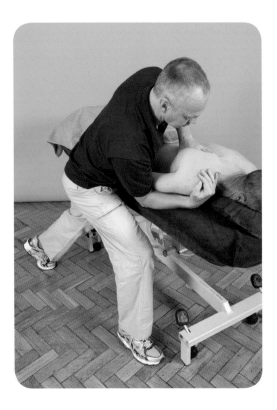

CONSEJO   Mantener la espalda plana y utilizar las piernas para sostener tu postura facilitará mucho la elevación del hombro del cliente. Si te cargas de hombros, tendrás dificultades para levantarlo, porque estarás utilizando la parte superior de tu cuerpo para realizar la mecánica del levantamiento en vez de aprovecharte del descenso de tus caderas para hacer palanca al alzar su hombro.

Masaje del tronco – Técnica 1

Para trabajar transversalmente al cliente sobre el lado contrario del tronco, adopta una postura lateral amplia, presiona con los muslos contra la camilla y utilízala como anclaje mientras reúnes los tejidos hacia ti. Utilizar así la camilla te permite aumentar la fuerza del pase, pero también ayuda a estabilizar tu postura.

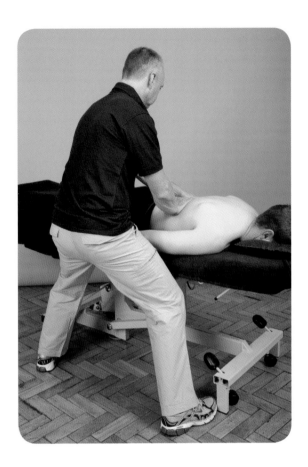

Masaje del tronco – Técnica 2

Utilizando una postura asimétrica, coloca las manos sobre la zona costal. Pon una mano encima de la otra, mantén la mano inferior relajada y aplica la presión partiendo de la superior. Puedes aplicar un pase amplio o bien uno específico, concentrado. Si quieres trabajar sobre los músculos intercostales, utiliza una técnica reforzada con la mano u otros dedos para aplicar presión específica con un solo dedo. Para un pase más amplio o general aplica uniformemente presión palmodigital.

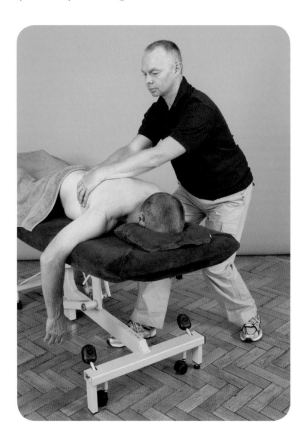

PELVIS

Masaje de la pelvis – Técnica 1

La pelvis puede masajearse a través de una toalla o mediante contacto directo desde cualquiera de los lados de la camilla. Trabajar desde el lado contrario de la camilla sólo es adecuado si tu estatura te permite hacerlo cómodamente. Si sientes cualquier tensión en tu región lumbar por tener que alargarte demasiado, es señal de que esta posición no te conviene.

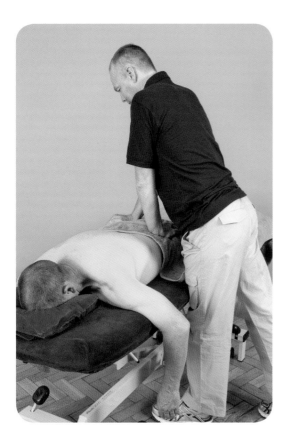 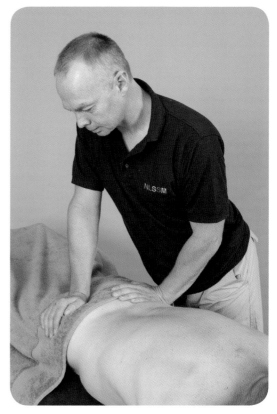

Masaje de la pelvis – Técnica 2

Colócate por el mismo lado de la camilla sobre el que quieras trabajar. Es mejor utilizar el talón de tu mano para masajear la masa de los glúteos, ya que suelen ser músculos fuertes y profundos. Trata de reducir al mínimo el empleo de tus dedos y resérvalos para trabajo más específico. Aplica tus pases en un ángulo de 45 grados, para asegurarte de levantar el tejido apartándolo del hueso, en vez de aplastarlo contra él; esto también sirve de ayuda para protegerte las muñecas. Los movimientos pueden aplicarse en todas las direcciones: transversal, longitudinal y circular.

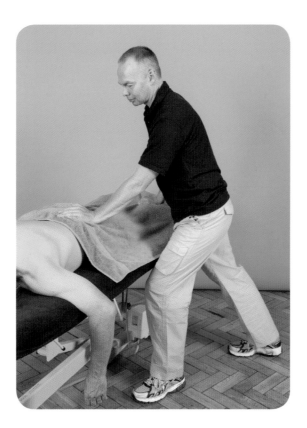

CONSEJO Al cambiar la dirección de tu pase de masaje (p. ej., de trabajar hacia la cabeza a trabajar hacia las piernas), asegúrate de que tu postura esté de frente a la dirección del pase. Este cambio de dirección se inicia colocando tu pie detrás del movimiento y manteniendo una postura amplia. Como los músculos de la pelvis pueden ser muy fuertes, para lograr la profundidad deseada tienes que generar tu fuerza desde tu base, que es tu pie

PIERNA

Masaje de la pierna – Técnica 1

Cuando la posición natural de la pierna del cliente está demasiado rotada externamente para permitirte acceder a los músculos situados en su parte lateral, utiliza una mano para controlar la dirección de la pierna poniéndola sobre ella para situarla en la posición que abre la zona. Esto te permitirá aplicar tus pases a toda la pierna con la otra mano. Una advertencia: al subir por la pierna hacia el tronco, aligera la profundidad del masaje al pasar por detrás de la rodilla, debido a las estructuras sensibles allí localizadas.

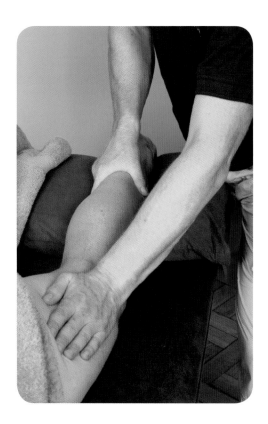

Masaje de la pierna – Técnica 2

Antes de sentarte en la camilla, retira el cojín o almohada del lateral de la misma. Asume una posición estable flexionando la pierna más cercana a la parte central de la camilla y extendiendo la otra hasta el suelo para estabilizar tu posición. Mantén siempre un pie en contacto con el suelo para cerciorarte de tu seguridad y ayudarte a mantener una postura erguida. Flexiona la pierna del cliente y apóyala sobre tu hombro. Esta posición sólo es adecuada si tu cliente y tú sois de dimensiones similares; si eres más corpulento que tu cliente, terminarás teniendo que cargarte de hombros para colocar su pie sobre tu hombro. Esta posición permite a los tejidos descender apartándose de la estructura esquelética, facilitando así el acceso a algunos de los músculos más profundos de la pantorrilla, como el sóleo.

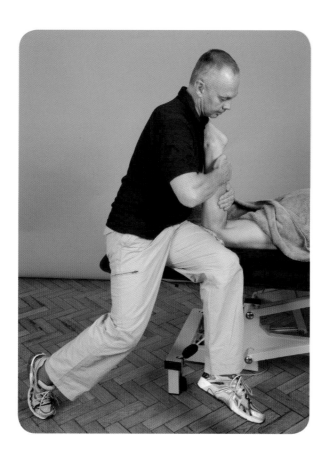

Masaje de la pierna – Técnica 3

Cuando estés de pie, aprovecha al máximo la camilla colocando sobre ella la parte interna de la pierna sin alzar la cadera. Colócate sobre el muslo la pierna de tu cliente. Esta posición te permite permanecer erguido mientras trabajas más profundamente en el tejido y es también útil al aplicar técnicas más avanzadas, tales como la liberación de tejidos blandos.

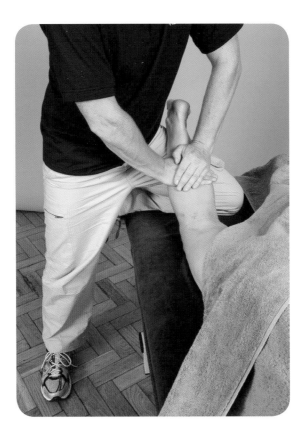

CONSEJO Cerciórate de que uno de los botones o una cremallera de tu ropa o la cartera de mano que lleves en el bolsillo no lacere la piel del cliente. Si llevas pantalones cortos o no quieres que la loción te manche la ropa, puedes ponerte una toalla sobre la pierna.

Masaje de la pierna – Técnica 4

Estar de pie por el otro lado de la camilla puede ser una posición útil desde la que aplicar pases de masaje a la pierna. Esta posición es efectiva para diversas técnicas, pero es especialmente eficaz para la constricción alternativa, la liberación o los movimientos de reunión. Pero se precisa una advertencia: si tu estatura no te permite hacerlo sin alargarte por encima del paciente, forzando la postura y cargando tu espalda, entonces esta posición no te conviene.

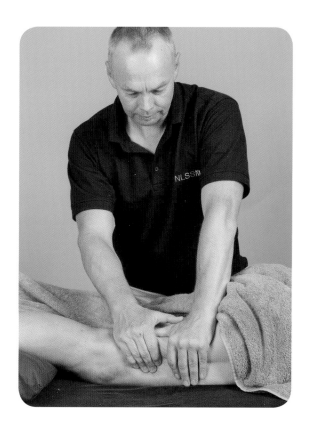

Masaje del pie – Técnica 1

Estando de pie, coloca una pierna sobre la camilla y el pie del cliente sobre la cara externa de tu muslo; esto te permite mirar en la dirección del pie. Se trata de una posición cómoda tanto para el cliente como para ti, y ayuda a mantener el pie estable, de manera que puedas aplicar a la zona pases más profundos y específicos. El empleo de los pulgares y demás dedos es más apropiado aquí, porque la zona superficial es muy pequeña. Utilizar el talón de la mano en una acción de drenaje es muy efectivo, y la sensación que produce al cliente es excelente. La dirección de tu pase no se ve limitada, porque no interferirá con el sistema circulatorio.

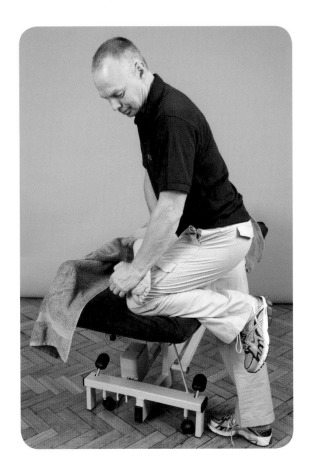

El masaje en silla ergonómica (conocido también en español como masaje *on-site*) puede darse por sí solo o adaptarse a diversas situaciones. Implica el empleo de una pieza muy móvil del equipo que no ocupa mucho espacio, y se puede hacer todo el trabajo aplicando técnicas secas a través de la ropa. Sencillamente se traslada lo aprendido como quiromasajista deportivo y se adapta a la silla. Otras formas de masaje en silla incorporan diversas modalidades de masaje, tales como la acupresión, el masaje sueco o el shiatsu. Puedes recibir formación específica para desarrollar esos métodos o utilizarlos al aplicar masaje deportivo. A continuación, hemos incluido unos ejemplos de adaptación a la silla de una técnica típica de camilla.

Silla de masaje – Técnica 1

Al aplicar una técnica general de masaje en este ángulo, tienes que cambiar la posición de tus brazos y la dirección del pase. Los brazos siguen extendidos y apartados de ti y la potencia sigue proviniendo de tus piernas, pero el movimiento es más hacia dentro y hacia arriba que hacia abajo y longitudinal.

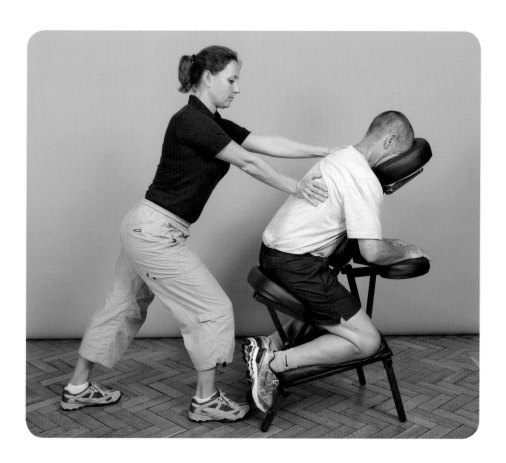

Silla de masaje – Técnica 2

Igual que realizarías un pase profundo utilizando una posición con los brazos estirados, colócate diagonalmente desde el lado contrario y tira lentamente alrededor de la cara superior del hombro utilizando tus caderas para generar el movimiento y manteniendo tus brazos extendidos pero relajados. Si el tejido se te escurre por debajo de las manos, trata de ir más despacio.

Autoevaluación

1. ¿Cuáles son las ventajas de utilizar una posición sentada en la camilla para trabajar sobre los hombros?
2. ¿Cuántas veces se menciona la frase "mantén una postura erguida" en este capítulo?
3. Al colocarte sobre el muslo la pierna del cliente, ¿de qué tienes que ser consciente?
4. ¿Por qué es apropiado utilizar los pulgares y los demás dedos sobre los pies y no sobre el glúteo mayor?
5. ¿En qué zona del cuerpo hay que tomar más precauciones?

7

Masaje deportivo para posiciones en decúbito supino

Supino, tendido supino o *decúbito supino* son términos que se emplean para describir a una persona tumbada de espaldas, boca arriba. Normalmente, en esta posición se masajean los brazos, las piernas y en parte el pecho y el cuello. Una zona a menudo descuidada es el tronco (la región abdominal y el pecho), lo cual parece extraño si se considera que los músculos de esta zona desempeñan una parte esencial en el movimiento y la respiración. Si el cliente tiene desequilibrios posturales, trabajar la zona del tronco es indispensable para reequilibrar tensiones y aliviar los músculos posteriormente. La lista de razones para conceder más atención al masaje de todo el tronco es larga. Si en el curso de tu formación no se tratan los detalles del masaje abdominal, te recomiendo considerar la posibilidad de realizar un curso de desarrollo profesional continuo a fin de conseguir las técnicas necesarias para trabajar en esta zona.

CONSEJO   Cuando un cliente está en posición supina, las regiones pectoral, abdominal y pélvica requieren sensibilidad. Al trabajar en estas zonas, no concentres la vista en lo que estás haciendo, sino deja que sean tus manos las que "vean" y dirige la mirada a cualquier otra parte. Trabaja lo más posible a través de toalla y aplica los pases con confianza. Los clientes notarán el nerviosismo que tengas, lo cual provocará en ellos la misma sensación.

Para asegurar que tu cliente esté cómodo y bien sostenido, coloca almohadas debajo de su cabeza y rodillas, a fin de apoyar las articulaciones y relajar la espalda.

En las páginas siguientes se encontrarán más instrucciones avanzadas para diversas técnicas de masaje deportivo que puedes usar mientras tu cliente se halla en posición supina. Cerciórate de dominar las técnicas básicas de masaje (tratadas en los capítulos 4 y 5) antes de pasar a estas técnicas más avanzadas.

Necesitas poner un cuidado especial al trabajar sobre el cuello. La sensibilidad es esencial. Para ganarte la confianza del cliente, tienes que sentir confianza en ti mismo cuando coloca su cabeza en tus manos. Empieza cerciorándote de que tus piernas te ofrezcan la amplia base necesaria, tus hombros estén relajados, tus brazos estirados y la camilla a la altura correcta para dejarte hacerlo cómodamente.

Masaje del cuello – Técnica 1

La clave de esta técnica es establecer primero tu postura. Coloca una pierna detrás de ti en una posición alargada cómoda; esto te permitirá moverte ligeramente hacia atrás al realizar el pase. Tus hombros deben estar apartados de tus orejas, tus brazos estirados y las palmas hacia arriba. Coloca una mano debajo de la cabeza del cliente, mientras la otra inicia el pase en la base del cuello, cerca de los hombros. Con las palmas dirigidas hacia arriba, desplaza suavemente la mano apartándola de ti y acercándola a la base del cráneo. La otra mano debe sostener la cabeza hasta que la mano móvil haya llegado a la parte superior del cuello. Entonces cambia de mano; la activa ahora adopta el papel de soporte mientras la otra inicia de nuevo el proceso por el lado contrario.

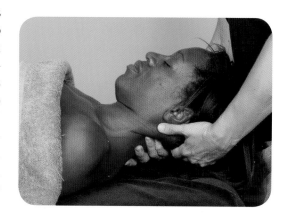

Las dos fotos siguientes te muestran el aspecto que deben tener las manos mientras completan esta técnica. Ten presente que no colocarías al cliente en esta posición para realizar este pase; estas fotos sirven simplemente para ilustrar cómo se colocan las manos.

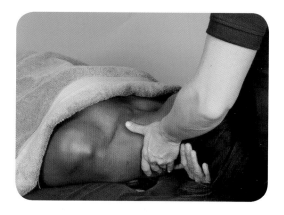

CONSEJO Recaba la opinión de tu cliente. Si la sensación que tiene es la de estar sosteniendo él o ella su cabeza en vez de hacerlo tú, vuelve a evaluar tu posición y lo cómodo que estás. Debes realizar este proceso con suavidad para lograr los resultados que deseas. Los tres puntos claves son moverte partiendo de las piernas, mantener estirados los brazos, y relajar, o bajar, los hombros.

CUELLO

Masaje del cuello – Técnica 2

Coloca tus piernas en una posición lateral amplia (la segunda posición de ballet, si la conoces). Sostén con una mano ahuecada la base de la cabeza del cliente, con el otro brazo estirado y los hombros relajados. Gira con suavidad la cabeza apartándola ligeramente del lado al que estás aplicando el pase de masaje. En otras palabras, si tienes pensado utilizar tu brazo derecho a lo largo de ese mismo lado del cuello del cliente, gira su cabeza hacia la izquierda mientras lo haces. Es importante mantener su cabeza en una posición estable y sostenerla bien durante todo el tiempo.

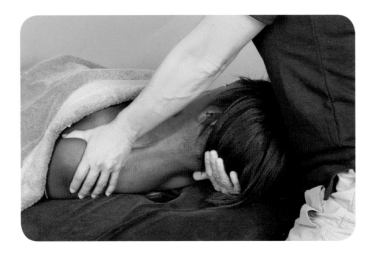

Al trabajar sobre el pecho en posición supina, asegúrate de que la toalla esté colocada de tal modo que respete la intimidad de tu cliente, tanto si es hombre como si es mujer. Evita bajar la vista a la zona sobre la que estás trabajando, porque es menos invasivo para el cliente. Cuando adquieras experiencia, tus manos serán capaces de sentir mejor dónde te encuentras.

Masaje del pecho – Técnica 1

Coloca una mano sobre la otra y trabaja transversalmente sobre el pecho, por debajo de la clavícula, desde la línea media del cuerpo hasta el hombro, empleando un pase largo y deslizante. Al alterar la dirección del pase, en vez de girar desde la parte superior del tronco, cambia la colocación de tu pie y mantén tus caderas y hombros de frente al movimiento. Si la zona lo permite (es decir, si tus manos son lo bastante pequeñas), o si hay una zona de mayor superficie en la que trabajar, puedes emplear el talón de tu mano en vez de las yemas de los dedos.

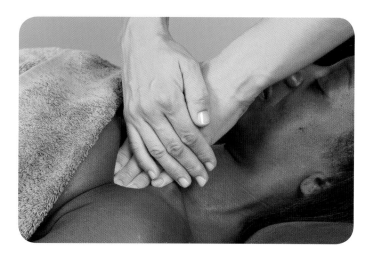

CONSEJO   Aunque no tengas mucho espacio en el que trabajar, usar las dos manos, una encima de la otra, ayuda a mantener de frente tus hombros y tu cuerpo sobre la zona que estás masajeando y te impide colocar sin querer la mano libre donde no deba estar.

Masaje del hombro y el brazo – Técnica 1

Coloca el brazo flexionado del cliente contra tu abdomen. Tus músculos abdominales se convierten en el punto de fijación que te permite controlar el movimiento a fin de disponer de ambos brazos para aplicar las técnicas. Se trata de una posición cómoda tanto para tu cliente como para ti, pero requiere que la camilla esté a la altura adecuada y que el codo del cliente se encuentre emplazado con seguridad contra tu abdomen.

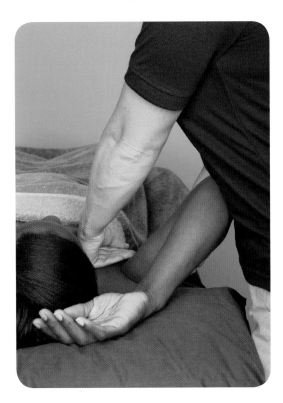

COMUNICACIÓN CON EL CLIENTE

Esta posición es también buena para disponer de un acceso más fácil a todo el brazo, así como a muchos de los músculos de la cintura escapulohumeral. Asimismo, suele ser posible acceder al borde del músculo subescapular, un músculo difícil de alcanzar normalmente. Si eres capaz de dominar el control del brazo del cliente con tu tronco, dispondrás de los dos brazos para trabajar. Por otro lado, sé consciente de las estructuras de esta zona, tales como los nódulos linfáticos, ya que pueden ser bastante sensibles a la presión.

Masaje del hombro y el brazo – Técnica 2

Otra opción para trabajar sobre los brazos y la zona de los hombros en posición supina es sujetar el brazo del cliente con el tuyo (el más cercano a su línea media) flexionado. Esta técnica no exige esfuerzo si tienes relajados los hombros. Fija el brazo cerca de tu cuerpo, asegurándote de estar utilizando la mano de apoyo para controlar el movimiento. Para ayudar a que tu cliente se sienta relajado y sostenido, cerciórate de que la porción superior de su brazo esté apoyada en la camilla.

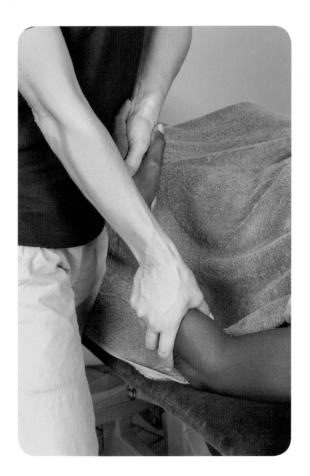

TRONCO Y MÚSCULOS ABDOMINALES

El trabajo abdominal es una parte importante del tratamiento con masaje deportivo. Puede constituir una especialidad dentro del masaje, pero para los fines de este libro nos ocuparemos de él sólo superficialmente. El masaje abdominal tiene grandes beneficios, especialmente cuando afronta problemas posturales y respiratorios.

Masaje del tronco y los músculos abdominales – Técnica 1

Emplea una posición simétrica amplia y colócate de pie mirando hacia el cliente, a su lado, junto a los abdominales. Empieza a palpar delicadamente la zona, trabajando en el sentido de las agujas del reloj para ajustarte a la dirección del aparato digestivo. Puedes emplear diversos pases y métodos de aplicación (p. ej., talón de la mano, puños, nudillos), siempre y cuando tengas cuidado de no ser demasiado invasivo y de trabajar con las estructuras situadas por debajo de las capas más superficiales.

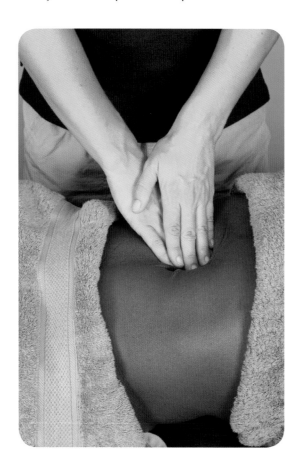

Masaje del tronco y los músculos abdominales – Técnica 2

Dependiendo de la parte del diafragma que estés masajeando, tendrás que ajustar tu posición y la dirección en la que estés mirando. Mantén tu pie y tus caderas de frente al movimiento. Es más fácil trabajar transversalmente a la camilla, en el lado contrario, pero puedes trabajar en el mismo lado si aplicas el principio de crear un círculo con tus brazos. Para trabajar el diafragma, coloca el borde de tus manos a lo largo del borde de las costillas y dicho músculo. Controla la profundidad consultando a tu cliente sobre el nivel de confort. Trabaja con el ritmo de su respiración para penetrar con facilidad en el tejido y muévete despacio, adaptando la profundidad del pase de masaje al proceder. Si necesitas relajar más los tejidos (es decir, reducir la tensión en ellos), coloca una mano por debajo de las costillas en torno a la espalda y levanta suavemente el abdomen hacia la línea media del cuerpo.

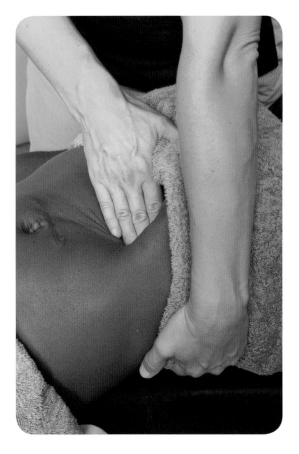

CONSEJO Para evitar al cliente cualquier molestia indebida, asegúrate de tener cortas las uñas, para no lacerarle la piel. También puedes tratar de inclinar los dedos para no empujar directamente contra las costillas, sino trabajar sobre su borde.

TRONCO Y MÚSCULOS ABDOMINALES

Masaje del tronco y los músculos abdominales – Técnica 3

Utilizando una posición asimétrica con los brazos estirados, pon una mano sobre la otra bajo el tronco del cliente en el lado contrario a tu posición de trabajo. Al principio, para levantar el tejido en la porción posterior del tronco, dirige desde tus piernas el movimiento de tus manos y luego deja que tus caderas se atrasen para dar lugar a un pase transversal. Sigue la curvatura de las costillas y sube por el borde externo del tronco utilizando una colocación de los dedos y la mano más planos, a fin de acomodarte a la falta de masa muscular.

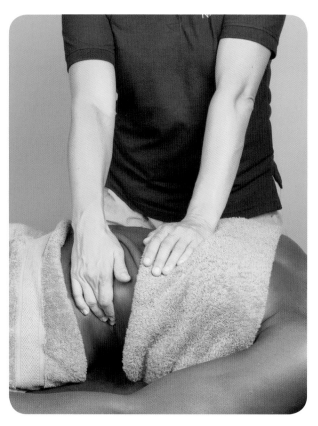

CONSEJO Si quieres realizar pases específicos entre las costillas (en los intercostales), añade algo más de presión con uno de los dedos de la mano situada encima, manteniendo el dedo inferior relajado. Recuerda que, cuanto más profunda y precisamente trabajes, más despacio tienes que proceder para reducir al mínimo las molestias.

La pelvis puede ser una zona sensible y también pueden plantearse problemas con el pudor del cliente. Dado que los clientes necesitan sentirse cómodos y seguros, pídeles permiso antes de empezar a trabajar sobre la pelvis. En esta zona yo trabajo a menudo a través de una toalla.

Masaje de la pelvis – Técnica 1

Adopta una posición cómoda con las piernas. Puedes emplear los dedos reforzados, el talón de la mano, o lo que os resulte cómodo al cliente y a ti, dependiendo de la zona sobre la que tengas que trabajar. Cuanto menor sea la zona, menor debe ser lo que utilices. Si ves que la cadera del cliente se está moviendo excesivamente, coloca una mano sobre la cadera más cercana a ti para ayudar a estabilizarle. Sé consciente de las prominencias óseas, y ten presente que los tejidos de esta zona pueden ser bastante sensibles o provocar cosquillas. Unos movimientos más lentos utilizando la profundidad correcta reducirán al mínimo reacciones tales como contracciones musculares y movimientos repentinos.

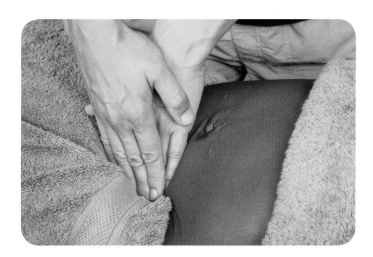

MUSLO

Masaje del muslo – Técnica 1

De pie en posición asimétrica o simétrica, alarga los brazos hasta el otro lado de la camilla y coloca tus manos sobre la parte externa del muslo del cliente. Puedes emplear una técnica de fricciones cruzadas profundas enganchando tus dedos en el tejido y utilizando las piernas para generar el movimiento, o bien puedes utilizar pases de amasamiento, acariciamiento o transversales amplios subiendo y bajando por todo el muslo. Siempre que no estés luchando, o cargando excesivamente tu región lumbar, por alargarte hasta el otro lado de la camilla (debido a tu tamaño o el del cliente), se trata de una posición de trabajo adecuada.

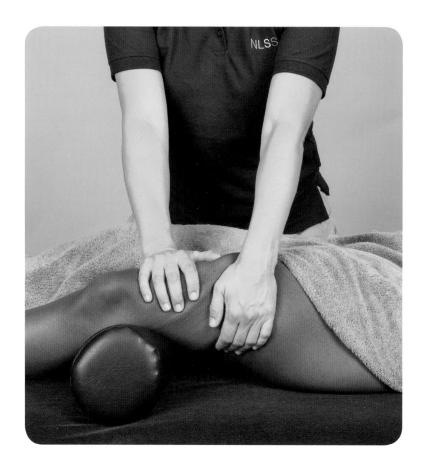

Masaje del muslo – Técnica 2

Mirando hacia el cliente, coloca su pie sobre tu hombro con su rodilla flexionada en ángulo recto. Para fijar la extremidad, coloca una mano sobre la porción anteroinferior del muslo (no sobre la rodilla) y tira hacia tu hombro usando suficiente fuerza para controlar el movimiento de la extremidad. Utiliza la otra mano para aplicar pases a la porción posterior del muslo del cliente, empleando tu puño, el talón de la mano o el antebrazo.

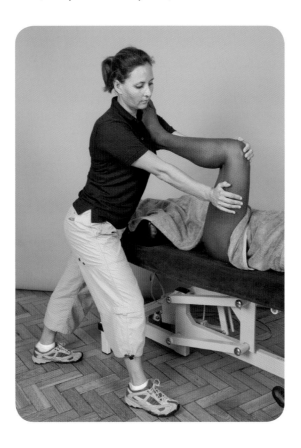

CONSEJO Es muy importante que mantengas una postura erguida, conservando tu tronco alineado con tus piernas y utilizando éstas para generar el movimiento y la potencia.

COMUNICACIÓN CON EL CLIENTE

Encuentro esta posición especialmente útil al trabajar con desequilibrios musculares entre la pelvis y los isquiosurales. Asimismo, existen situaciones en las que invierto una adecuada cantidad de tiempo masajeando los isquiosurales y quiero darles un descanso antes de volver a ellos y realizar después algo más de trabajo, pero no quiero seguir dando la vuelta a mi cliente o tal vez ande yo escasa de tiempo. Poder mover el cuerpo del cliente a fin de acceder a diversas partes del mismo, sea cual sea la posición en que esté, es sumamente útil y no debes escatimar esfuerzos para convertir esto en tu rutina normal.

Masaje del muslo – Técnica 3

Esta técnica debe usarse para aplicar masaje a la parte interna del muslo. Coloca sobre la camilla la cara externa de tu rodilla, o la más alejada del tronco del cliente, y dispón después sobre tu muslo la pierna flexionada del cliente. Asegurándote de que la mayor parte de su muslo no se encuentre en contacto contigo, gira tu cuerpo para mirar directamente hacia su pierna (longitudinalmente). Si ves que tienes que alzar tu cadera para hacerlo, baja la altura de la camilla (si estás trabajando a tu altura óptima, no deberías tener que hacerlo). Aplica los pases de masaje hacia la pelvis. Si estás empleando el talón de la mano, cerciórate de que tu mano esté girada hacia el lado externo del cuerpo del cliente y usa el borde cubital de tu mano. Mantener una posición circular con tus brazos reforzará la posición, lo cual ayuda a que la profundidad sea uniforme durante todo lo que dure el pase.

Otra posibilidad es cambiar la dirección del pase, trabajando transversalmente sobre los aductores. En este caso tendrás que cambiar tu posición, volver a colocar tu pierna y girarte para quedar mirando a la otra pierna del cliente. De nuevo, comprueba que la mayor parte de su muslo no mantenga con el tuyo ningún contacto. Ésta es una excelente posición para emplear amasamientos sobre la parte interna del muslo, levantando tejido tanto del borde posterior como del borde interno.

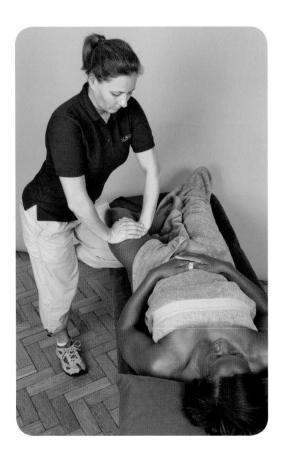

Masaje de la pierna – Técnica 1

Flexiona la rodilla del cliente y siéntate sobre su pie. A veces a un cliente le sorprenderá un poco y tratará de apartar su pie de ti. Si esto sucede, explícale que sirve para evitar que la pierna se adelante. Puedes estabilizar tu propia postura extendiendo tu pierna exterior y presionando con ella contra el suelo. Esta posición es útil para acceder a los músculos tanto de la parte posterior como anterior de la pantorrilla. En particular, los músculos posteriores pueden colgar sueltos apartándose de la estructura esquelética, facilitando así llegar a los tejidos más profundos.

 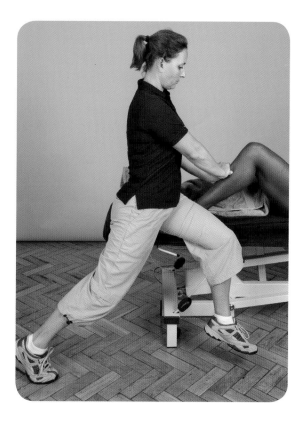

CONSEJO Es fácil confundir la dirección del movimiento de masaje; asegúrate sencillamente de que tus movimientos sean hacia la rodilla (trabajando con el sistema circulatorio). En técnicas más avanzadas no siempre se sigue esta regla.

Los pies a menudo se pasan por alto, pero desempeñan un papel importante en el conjunto de los patrones de movimiento del cuerpo. Nos sostienen trasladando al suelo el peso de todo nuestro cuerpo. Es comprensible que se cansen, se pongan rígidos y se sobrecarguen, pero la mayoría de las veces se les presta muy poca atención. Movilizar, estirar y masajear los pies puede tener un enorme efecto en el resto del cuerpo. Algunas lesiones del tren superior, por ejemplo, se atribuyen a disfunciones de los pies. Siempre suelo considerar el organismo como una unidad, en vez de como pequeños compartimentos que constituyen un todo. Evalúo el cuerpo globalmente para hacerme una imagen clara de cómo las diversas partes del aparato músculo-esquelético están interactuando. Si se provocan cosquillas al trabajar sobre los pies, trata de aplicar un pase más vigoroso y con mayor confianza utilizando toda tu mano; esto normalmente resolverá el problema. Otra posibilidad es trabajar a través de una toalla.

Masaje del pie – Técnica 1

Utiliza el talón de las manos para extender el tejido de la superficie dorsal de los pies. Mantén los brazos alargados y deja que el peso de tu cuerpo genere la fuerza a través de las manos. Puedes tirar de los pies como para separarlos de las piernas o acompañar el pase cargando sobre él tu peso. Esta acción de apertura y separación ayuda a aliviar la tensión en los pies.

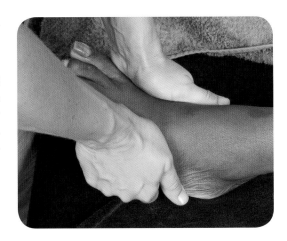

Aunque los pies tengan una zona superficial pequeña, debes seguir utilizando tus piernas para guiar tus movimientos en la medida de lo posible, a fin de ayudar a mantener tu postura. Adoptando una posición amplia con una pierna detrás, flexiona tu brazo y presiona tu codo contra tu cadera. Cierra un puño y utiliza la parte plana de los nudillos para empujar longitudinalmente sobre el pie del cliente, impulsando el movimiento desde el tuyo.

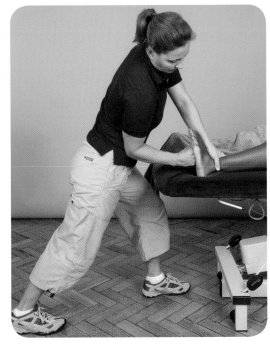

Autoevaluación

1. ¿Cuándo debes aplicar técnicas avanzadas en la posición supina?
2. ¿Dónde has de colocar almohadas para poner cómodo a tu cliente y sostener las articulaciones en una posición supina?
3. ¿Qué dirección deben seguir tus pases para ayudar al tracto digestivo?
4. ¿Qué puedes hacer para que el cliente se sienta más cómodo al trabajar tú en zonas sensibles?
5. ¿Qué importancia tiene trabajar sobre los pies?

Masaje deportivo para posiciones en decúbito lateral

A la mayoría de las personas que reciben masaje se les pide que se tumben en posiciones prona y supina; pocas experimentan la posición en decúbito lateral. Como quiromasajista deportivo y de rehabilitación, tendrás que acceder a músculos utilizando diversos métodos y técnicas, que convierten la posición en decúbito lateral en algo común y fundamental. Recomiendo acostumbrarse a trabajar en esta posición realizando en ella sesiones completas de masaje.

Cuando los clientes están en posición lateral (recostados de lado), necesitarás más toallas para respetar su intimidad, así como cojines o almohadones cilíndricos de apoyo. Coloca dichos accesorios bajo la cabeza y la rodilla de la pierna superior del cliente. Dispón estirada su pierna inferior, alineada con su tronco, y la pierna superior en un ángulo de 90 grados. También puedes pedir al cliente que se agarre al borde de la camilla para mejorar la estabilidad.

CONSEJO Dado que la posición en decúbito lateral tiene tendencia a cerrar la zona situada entre las costillas y la cadera, puedes colocar otro cojín o una toalla enrollada justo por encima de la cresta ilíaca para abrir la zona y facilitar el trabajo entre las costillas. Esto también te ayudará a acceder al cuadrado lumbar, que es un importante músculo flexor lateral y ligeramente rotador del tronco.

COMUNICACIÓN CON EL CLIENTE

El decúbito lateral se emplea por diversas razones, una de las cuales incluye la capacidad de acceder a músculos situados en profundidad por debajo de los más superficiales. Por ejemplo, si quiero acceder a los músculos situados detrás de los gemelos es mucho más fácil, ya que esta posición permite que el tejido descienda, apartándose de la estructura esquelética. También la utilizo para estimular a los músculos a separarse uno de otro aprovechando la gravedad, lo cual permite que el tejido se aparte al descender, y utilizando técnicas como el acariciamiento transversal para separar el tejido adherido.

En esta página y las siguientes encontrarás instrucciones para diversas técnicas de masaje deportivo que puedes utilizarse mientras el cliente está en posición lateral.

Masaje del cuello – Técnica 1

Siéntate en la camilla de masaje detrás del cliente justo debajo de sus hombros. Debes estar lo bastante apartado para mantener una posición sentada erguida, pero lo suficientemente cerca para poder sujetar su hombro con una mano mientras apartas el otro brazo de ti a lo largo del borde externo del cuello en todo su recorrido hasta la base del cráneo sin alargar el brazo en exceso. Puedes trabajar con una almohada debajo de la cabeza del cliente o sin ella. Retirar la almohada dejará más expuesta la zona de trabajo, pero debes asegurarte de que tu cliente no tenga ninguna molestia. Sé consciente de la naturaleza sensible del cuello a la hora de elegir la profundidad y presión que aplicar. Sigue consultando a tu cliente verbalmente y observa sus reacciones.

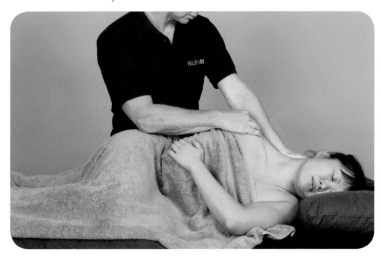

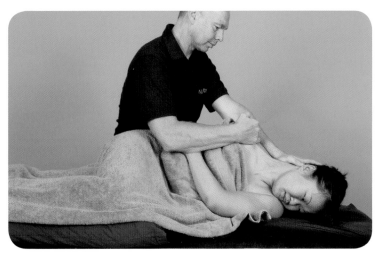

CONSEJO   Si tu mano se escurre del hombro porque la loción lo ha dejado resbaladizo, utiliza una toalla para sujetar el hombro mientras aplicas el pase.

Masaje del cuello – Técnica 2

De pie detrás de la cabeza del cliente con un brazo extendido, presiona su hombro con esa mano. Con la otra mano aplica pases transversos o longitudinales sobre la zona de la porción superior del trapecio. Mantén una alineación continua de tus propias piernas y tronco al aplicar estos pases.

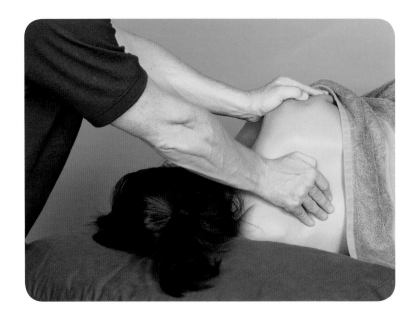

Masaje del hombro y el brazo – Técnica 1

De pie detrás y cerca de la coronilla del cliente y utilizando un brazo flexionado, coloca su brazo en el tuyo, pegándolo bien a tu costado para fijarlo. Si la altura de la camilla es correcta y tienes los hombros relajados, esta posición no debería suponer ningún esfuerzo. A partir de aquí puedes aplicar pases largos bajando por el brazo y trabajando hacia el pecho o a lo largo del lado externo del cuerpo.

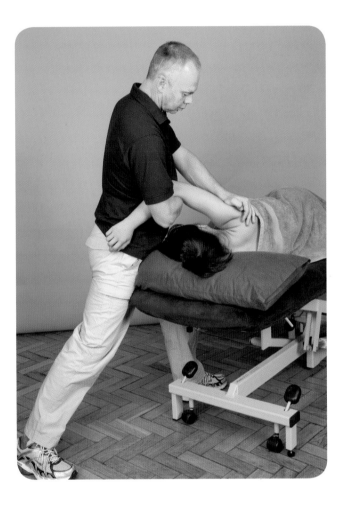

CONSEJO Para realizar un pase uniforme y seguro mientras te desplazas a lo largo del costado del cliente, utiliza tus piernas para generar la fuerza del movimiento mientras tiras ligeramente en la dirección contraria del brazo del cliente pegado a tu costado.

Masaje del hombro y el brazo – Técnica 2

Para masajear alrededor de la escápula y acceder a los bordes del músculo subescapular subyacente, empieza adoptando una posición amplia con tus piernas detrás del tren superior del cliente. Coloca una mano sobre la porción anterior del hombro y masajea el borde interno de la escápula con los dedos de la otra mano. También puedes emplear la primera mano para atrasar y bajar el hombro mientras utilizas la presión de la otra mano para elevar la escápula e introducirla por debajo.

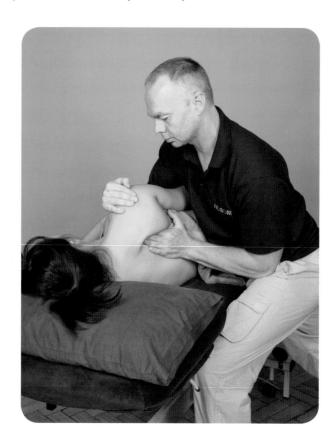

Masaje del tronco – Técnica 1

Empieza detrás del cliente mirando hacia la parte superior de su tronco. Utiliza una posición asimétrica amplia, acerca la mano a la línea media de su cuerpo sobre su cadera, para estabilizarle. Y entonces aplica con la mano externa un pase largo subiendo por los erectores de la columna, evitando las apófisis espinosas. Utiliza tus piernas para generar el impulso del movimiento, dejando que la rodilla de delante se flexione al adelantarte. Mantén tu espalda plana y alineada con tus piernas y tu cabeza.

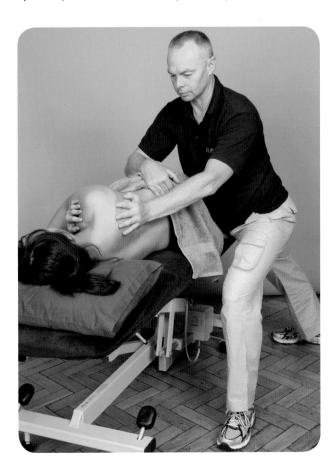

Masaje del tronco – Técnica 2

Puedes aplicar amasamientos mientras te encuentras de pie al otro lado del cliente reuniendo el tejido de manera circular, recogiéndolo y levantándolo. La clave es utilizar la
camilla como accesorio para estabilizarte (empuja tus muslos contra ella) o bien activar
tus propios músculos abdominales para generar la fuerza.

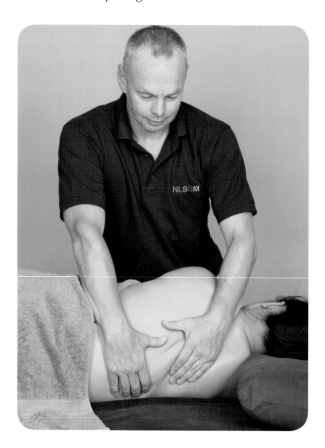

Al trabajar sobre la pelvis en la posición de decúbito lateral, acuérdate de bajar la camilla. La diferencia entre la altura de la pelvis del cliente en posición prona y lateral es significativa.

Masaje de la pelvis – Técnica 1

Estabiliza la cadera del cliente con una mano mientras empleas la otra para aplicar el pase, dirigiendo el movimiento y la fuerza con tus piernas. Relaja tus hombros y extiende tu brazo, empleando pases circulares, transversales o longitudinales. Tu antebrazo y codo pueden también ser potentes instrumentos en esta posición, porque te permiten aplicar pases más profundos sin comprometer tu postura de trabajo. Si optas por usar cualquiera de estas dos variantes, mantén tu alineación postural y sé consciente del aumento de profundidad que puede generarse con estas opciones. Estate atento a las molestias del cliente y trabaja más despacio.

CONSEJO Si optas por emplear tu codo o tu antebrazo, mantén la mano y la muñeca relajadas dejando que la mano cuelgue sin tensión. Esto hará que el movimiento sea en todo momento menos invasivo y rígido.

MUSLO

Masaje del muslo – Técnica 1

Esta técnica es apropiada para la parte externa del muslo. Al aplicar pases a lo largo de ella, controla la profundidad de la presión, porque puede ser bastante doloroso. Inclinando tu muñeca aproximadamente 45 grados en vez de tenerla en ángulo recto, es menos probable que comprimas el tejido contra el hueso y que, al contrario, empujes cómodamente el tejido subiendo por todo el muslo. Manteniéndote apartado del movimiento mediante el empleo de un brazo extendido, utiliza tus piernas para empujar el tejido a lo largo del muslo. Puedes abordar esta posición de la pierna desde dos direcciones y aplicar un pase longitudinal o transversal.

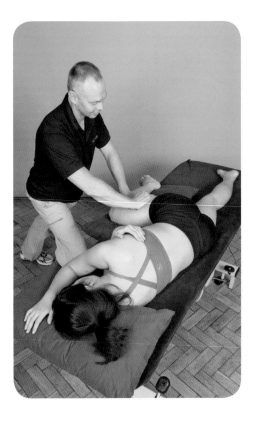 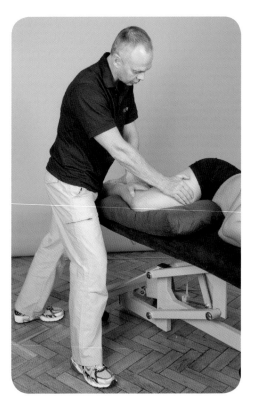

Masaje del muslo – Técnica 2

Esta técnica es apropiada tanto para el muslo como para la pierna. Coloca estirada la pierna sobre la que está apoyado el cliente y dispón la superior en ángulo recto. Esto da lugar a una posición estable en la que trabajar. Pon una almohada debajo de toda la pierna flexionada para ayudar a sostenerla e incluso aumentar el ángulo de las caderas a fin de que el tronco del cliente esté recto. En esta posición tienes acceso tanto a la pierna superior como a la inferior y puedes aplicar diversas técnicas transversal y longitudinalmente.

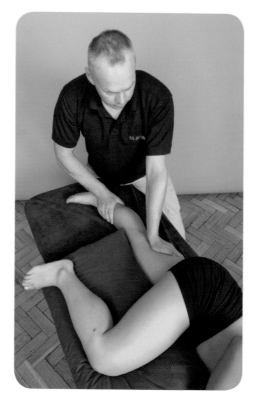

CONSEJO Acuérdate de cambiar la posición de tus piernas al pasar de trabajar sobre la porción inferior de la pierna a trabajar sobre la parte superior del muslo. Reajusta apropiadamente tu posición de trabajo (es decir, para trabajar sobre la parte superior del muslo tendrás que estar mirando hacia la camilla; para trabajar sobre la porción inferior de la pierna tendrás que quedar mirando hacia la cabecera de la camilla). En ambas posiciones, asume una posición asimétrica.

Autoevaluación

1. ¿Donde colocarías almohadas o cojines para un cliente en posición lateral?
2. ¿Por qué tienes que bajar la altura de la camilla cuando un cliente está en posición lateral?
3. ¿Cuándo es apropiado emplear la posición lateral?
4. ¿Por qué en posición lateral debes colocar la pierna superior del cliente en ángulo recto y la inferior estirada?
5. ¿Qué más puedes sugerir al cliente para ayudarle a estabilizar su posición?

PARTE IV

Programas y gestión del masaje deportivo

El capítulo 9 trata acerca del desarrollo de tus capacidades de investigación empleando métodos de consulta y evaluación física, tales como la palpación, la observación visual y los tests de movimiento. Esto te permitirá sacar conclusiones adecuadas que te ayuden a establecer los objetivos de tratamiento apropiados. Es un proceso que tiene que volver a repasarse cada vez que veas a tu cliente, por lo que es útil volver a consultar este capítulo reiteradamente. Toda sesión debe contener elementos de cada uno de los métodos de evaluación tratados en el capítulo, pero no tiene por qué incluirlos todos necesariamente.

El trabajo en competiciones es un área en la que los quiromasajistas deportivos pueden adquirir una experiencia valiosa. El capítulo 10 describe los distintos tipos de masaje de competición y detalla qué tipos de técnicas son adecuadas, cuánto debe durar el masaje, cuándo debe tener lugar y a qué consideraciones debe prestar atención un quiromasajista terapéutico. Si eres innovador y buen organizador puede que te interese el apartado *Organizar el servicio de masaje en un evento deportivo*, págs. 156-158.

El capítulo 11 ofrece una visión general de las diversas clasificaciones y las afecciones comunes que se incluyen en el deporte de personas con discapacidad física, como puedan ser los Juegos Paralímpicos. El capítulo ofrece una introducción sobre las exigencias fisiológicas y físicas a las que se ve sometido el atleta. También se ocupa de terapia, consideraciones y modificaciones necesarias para ofrecer un tratamiento apropiado que cubra las necesidades de estos deportistas.

Evaluación del cliente

La evaluación del cliente puede dividirse en tres etapas: subjetiva, objetiva e interpretativa. Durante la fase de evaluación subjetiva, consigues información a través de la comunicación escrita y verbal. Ésta se considera la etapa de elaboración del historial. La evaluación objetiva incluye tests y observación visual. Esta fase es la parte manual de la evaluación, que incluye palpación y evaluación del rango de movimiento. Durante la etapa de evaluación interpretativa, compilas y sintetizas la información que has obtenido, estableces objetivos y planificas el tratamiento. Evaluar y establecer objetivos debe formar parte de cada sesión, porque lo más probable es que tengas que modificar tu enfoque del tratamiento a medida que avances. Es importante que reevalúes la situación de sesión a sesión e incluso dentro de la misma, para asegurar que estás respondiendo apropiadamente a las necesidades del cliente.

Evaluación subjetiva

Durante la evaluación subjetiva, tienes que identificar las contraindicaciones para el tratamiento y reunir datos relevantes acerca del entrenamiento, el estilo de vida y los objetivos del cliente. Debes también determinar áreas sobre las que haya que trabajar mientras estableces una línea de base a partir de la cual medir la efectividad del tratamiento. Dado que la forma en que reúnas información afectará a la cantidad y calidad de esa información, necesitas buenas técnicas de comunicación e investigación.

Comunicación
Elaborar un historial clínico exhaustivo requiere buenas técnicas de comunicación y escucha. Para ser un investigador eficaz, se necesitan diversas habilidades verbales y no verbales. El primer paso para ser un buen comunicador es conceder toda tu atención al cliente y ser capaz de centrarte en sus necesidades. Si ves que estás terminando las frases de tu cliente o interviniendo antes de que haya acabado de hablar, tienes que ralentizar tus procesos mentales. Espera hasta que haya terminado de explicarse, y luego aclara lo que hayas entendido resumiendo lo que crees que ha dicho.

Al reunir información de tus clientes, también son esenciales indicaciones no verbales como las expresiones faciales y sus actitudes corporales, que pueden darte importantes pistas acerca de lo que no está diciendo y de cómo se siente. Los gestos pueden también indicar el estado de los tejidos blandos; por ejemplo, si un cliente tira mucho con las manos, esto puede indicar que siente tenso el tejido y necesita estiramientos.

Historial del cliente

El historial médico del cliente incluye información sobre sus lesiones, enfermedades e intervenciones quirúrgicas (en la figura 9.1, de la pág. 124, puede verse un formulario de historial médico). Puede dar valiosas informaciones y a menudo indicar lo que ha influido en el estado actual de salud de los tejidos blandos. El mejor método de conseguir esta información es una entrevista. Hacer entrega al cliente de un impreso para que lo rellene antes de la sesión puede que ahorre tiempo, pero elimina la oportunidad de un buen trabajo de investigación. Las preguntas de la figura 9.2, de la pág. 125, pueden ayudarte a prepararte para esta entrevista.

La entrevista al cliente te concede el tiempo necesario para desarrollar una relación terapéutica y observar indicaciones no verbales. Durante la entrevista también debes averiguar lo siguiente:

- Identificación personal y detalles de contacto. Trata de conseguir todos los números de teléfono del cliente y una dirección de correo electrónico, por si tienes que ponerte en comunicación con él rápidamente.

- Información de su salud actual, tanto física como psicológica. Estar especialmente estresado por la vida familiar o laboralmente puede influir en la salud física actual del cliente.

- El estado actual de salud de los tejidos blandos (agudo, crónico o agudo/crónico). Si el cliente tiene una afección crónica que se haya agudizado, te ocuparías primero de la fase aguda y luego tratarías la afección crónica.

- El programa de entrenamiento o nivel de actividad del cliente: la frecuencia, tipo e intensidad del entrenamiento, y tiempo invertido en el mismo. Haz averiguaciones también sobre sus días de descanso, si se toma alguno.

- Cómo pasa el cliente la mayor parte de su tiempo. Considera el impacto que su actividad está teniendo en su desarrollo muscular y en cómo está influyendo en su postura y movimientos.

- Cualquier factor intrínseco o extrínseco que pueda tener un efecto sobre la afección del cliente (p. ej., edad, sexo, equipamiento).

- Lo que el cliente confía en conseguir de la sesión, dónde quiere estar y sus objetivos a corto y largo plazo.

HISTORIAL MÉDICO

Nombre:	Tel. (casa):	Tel. (trabajo):
Dirección:	Tel. (móvil):	Fecha de nacimiento:

Nombre/Tel. de su médico:
Dirección:

Profesión:	Peso:	Altura:
Medicación actual:	Enviado a masaje por:	
Operaciones o enfermedades recientes:	Embarazo:	

Problemas circulatorios (corazón, edema pulmonar, hipotensión o hipertensión arterial, mala circulación):	
Aparato respiratorio (asma, bronquitis, alergia al polen):	
Trastornos dérmicos (dermatitis, eczema, sensibilidad, infecciones micóticas):	
Problemas musculares o esqueléticos (fibromialgia, fracturas previas):	
Problemas neurológicos (ciática, epilepsia, migraña):	
Problemas urinarios (cistitis, candidiasis, problemas de riñón):	
Sistema inmunológico (propensión a catarros, reducción de inmunidad):	
Problemas ginecológicos (tensión premenstrual, menopausia, terapia de reemplazo hormonal, períodos irregulares):	
Problemas hormonales (diabetes):	
Problemas digestivos (indigestión, estreñimiento, colon irritable):	
Problemas psicológicos o relacionados con el estrés (depresión, ansiedad, ataques de pánico, cambios en el estado de ánimo):	

EXONERACIÓN DE RESPONSABILIDAD: Declaro que, a mi leal saber y entender, no he ocultado información relevante para mi tratamiento y que comprendo y acepto toda la responsabilidad por el tratamiento que se me ponga. También reconozco haber dado la información correcta como se detalla en este impreso, y acepto que deberé informar al terapeuta si estas circunstancias cambiasen.

Firma del cliente: _____

Firma del terapeuta: _____   Fecha: _____

Figura 9.1   Todos los clientes deben completar un formulario de historial médico.

Tomado de S. Findlay, 2010, *Sports massage* (Champaign, IL: Human Kinetics). Reimpreso, con los debidos permisos, de J. Johnson, 2009, *Soft tissue release* (Champaign, IL: Human Kinetics), p. 139.

PREGUNTAS INICIALES

Nombre del cliente:	Fecha:

1. ¿En qué puedo serle de ayuda?

2. ¿Dónde siente las molestias que ha descrito?

3. ¿Cuándo empezaron?

4. ¿Qué las provocó?

5. ¿La afección está mejorando, empeorando o se mantiene igual?

6. ¿Hay algo que la empeore?

7. ¿Hay algo que la mejore?

8. ¿Ha tenido algún tratamiento anterior para esta dolencia? ¿Fue eficaz?

9. ¿Ha tenido antes esta afección?

10. ¿Ha tenido alguna lesión anterior en la misma zona?

11. ¿Puede describir el tipo de molestias que siente?

12. ¿Cómo afecta esta dolencia a su trabajo y su tiempo libre?

13. ¿Hay algo más que crea que necesito saber?

Figura 9.2   Utiliza estas preguntas iniciales para identificar la razón del tratamiento y para evaluar el historial médico del cliente.

Tomado de S. Findlay, 2010, *Sports massage* (Champaign, IL: Human Kinetics). Reimpreso, con los debidos permisos, de J. Johnson, 2009, *Soft tissue release* (Champaign, IL: Human Kinetics), p. 133.

Para diseñar un plan apropiado de tratamiento, tendrás que tener presente cualquier factor intrínseco y extrínseco que pueda haber influido en el desarrollo de la afección del cliente. Los factores intrínsecos normalmente se relacionan con el carácter de la persona, mientras que los extrínsecos son situaciones externas que pueden influir en el desarrollo de la lesión. Los siguientes son ejemplos de ambos tipos de factores en diversas afecciones:

Intrínsecos

- Forma física (¿Cuál es su estado de salud?)
- Composición corporal (¿Se ajusta al deporte elegido?)
- Técnica de entrenamiento (¿Cuenta con el apoyo de un buen entrenador, o se entrena improvisando?)
- Variantes anatómicas (¿Sus piernas miden lo mismo en longitud, o es patizambo *(genu varum)*?)
- Edad (¿Impone su edad ciertos requisitos nutricionales o ritmos de curación?)
- Sexo (¿Existen influencias anatómicas y fisiológicas?)
- Lesiones pasadas (¿Cómo se han resuelto las lesiones pasadas, si las ha habido, y cómo han influido en la función muscular actual?)
- Predisposición psicológica (¿Tiene buenos o malos recuerdos? ¿Qué tipo de personalidad tiene?)

Extrínsecos

- Equipamiento (¿Emplea alguno? ¿Está en buen estado?)
- Entorno (¿Cuáles son las condiciones meteorológicas, de altitud y de superficie?)
- FITT (frecuencia, intensidad, tiempo y tipo) del entrenamiento (¿Se ha entrenado adecuada y apropiadamente para esta prueba o acontecimiento deportivo?)
- Competición (¿Estamos a principios de temporada? ¿Está nervioso o mentalizado para la prueba o acontecimiento deportivo?)

Preguntas subjetivas

Los clientes no siempre revelan toda la información necesaria en sus historias clínicas. Por razones personales es posible que no se sientan cómodos contándolo todo, puede que no crean que cierta información es importante o relevante, o tal vez sencillamente se han olvidado de ella. Para conseguir toda la información que necesitas, sigue haciendo preguntas durante las sesiones de masaje, especialmente si te parece que la información que el cliente ha dado no se corresponde con lo que vas encontrando. Las siguientes preguntas pueden servirte de ayuda para investigar una afección crónica, una dolencia que pueda tener implicados elementos agudos. Si la afección se presenta como lesión aguda, las preguntas deben centrarse más en la naturaleza y síntomas de inflamación y dolor.

- ¿Dónde está la lesión? ¿Puedes mostrármela?
- ¿Cuándo ocurrió? Si lo ignora: ¿Cuándo crees que empezó por primera vez?

- ¿Cuáles son los detalles sobre la aparición de la lesión? ¿Fue repentina, traumática, o de desarrollo lento?
- ¿Cuáles son ahora los signos y síntomas?

- ¿Puedes describir tus principales problemas y actividades en la vida diaria?
- ¿Cómo está afectando esto a tu actividad deportiva?
- ¿Qué agrava tus síntomas?
- ¿Qué alivia tus síntomas?
- ¿Tienes alguna molestia? ¿Puedes describírmela?
- ¿Estás medicándote?
- ¿Existe alguna afección que pueda haber influido en ésta?
- ¿Has tenido antes esta lesión?

- ¿Está mejorando o empeorando la afección?
- ¿Te han puesto algún tratamiento para esta afección? Si es así, ¿qué has tomado? ¿Ha sido efectivo?
- ¿Qué investigaciones has hecho y cuáles fueron los resultados?
- ¿En qué consiste tu programa de entrenamiento?
- ¿Qué confías en lograr recurriendo al masaje deportivo?
- ¿Qué objetivos específicos tienes, tanto a corto como a largo plazo?

COMUNICACIÓN CON EL CLIENTE

En cierta ocasión, mientras masajeaba la pierna de una clienta, la tensión y el desarrollo muscular que yo sentía no podía explicarse totalmente por el deporte que practicaba y la posición en la que jugaba. Cuando le pregunté al respecto, comentó que había llevado aparatos ortopédicos de niña. Ella no comprendía la importancia de esto y cómo estaba influyendo en su desarrollo muscular y su comportamiento hasta aquel día. Lección aprendida: seguir haciendo preguntas.

Evaluación objetiva

Una vez recogida toda la información verbal y escrita, puedes pasar al componente funcional del historial clínico. Las evaluaciones que se incluyen normalmente son palpación de los tejidos blandos, evaluación del dolor, evaluación postural, tests del rango de movimiento y tests de la función muscular. (El análisis funcional de la marcha y la valoración biomecánica son componentes importantes del proceso de evaluación, pero requieren una formación previa más avanzada y experiencia práctica, y superan con mucho el alcance de este libro.)

Emplear diversos instrumentos de evaluación te ayudará a "demostrarlo u olvidarlo" en tu análisis final. Cada información por sí sola no significa mucho, por eso es importante tomar decisiones basadas en una evaluación global en vez de aislada. En medicina, uno de los principios de anamnesis empleados para determinar la afección del paciente es mediante un proceso de eliminación. Esto se hace enviando al paciente para que realice una serie de tests, bien para demostrar o rebatir su estado de salud. En masaje deportivo, estamos haciendo algo parecido utilizando diversos tests para tratar de probar o refutar las posibles razones para los síntomas que se presentan. El orden en que se hacen estas evaluaciones es cosa tuya. Ten presente que los clientes, por lo general, no quieren tener que moverse demasiado; muchos tienen la idea preconcebida de que el masaje consiste en dos posiciones: prona y supina. Trabajar de manera lógica ayuda a reducir al mínimo el número de veces que tienes que volver a colocar al cliente, ayudándote así a mantener un estado relajado de mente y cuerpo.

Palpación

La palpación es el principal instrumento del quiromasajista terapéutico. La retroalimentación adquirida tocando los tejidos blandos es esencial para tomar una decisión bien fundada acerca de cuáles son los problemas y cómo vas a tratarlos. La habilidad en la palpación proviene de los movimientos lentos y conscientes, comenzando superficialmente, pasando poco a poco a los tejidos más profundos y trabajando desde una aproximación general a otra más específica. Esto revela más información, permitiendo un plan de acción más reflexivo.

Recabar información del paciente es fundamental, especialmente si existe una zona dolorosa o molesta. Durante el proceso de examen es importante establecer contrastes bilaterales. Empieza evaluando el lado no afectado para hacerte idea de la normalidad. Inicialmente, busca cambios superficiales, incluyendo los siguientes:

- Cambios en la piel (p. ej., contusiones, asperezas, color).
- Cambios de temperatura (calor [inflamación] o frío [isquemia]).
- Hipertonicidad muscular superficial.
- Restricciones fasciales, reducción de movimientos.
- Adherencias (el tejido se siente apelmazado).

- Dolor a la palpación.
- Edema o hinchazón.
- "Montañas" y "valles" (diferencias musculares o estructurales).
- Resistencia de la piel al deslizamiento de la mano (es decir, estar pegajosa).
- Hidratación (sequedad o humedad).

CONSEJO   Durante la evaluación visual, presta atención a los lunares y toma buena nota de ellos, para poder evaluar sus cambios de tamaño, forma, color y textura. Esto es especialmente útil para lunares en la espalda, porque las personas no suelen inspeccionar esa zona.

Después de tus observaciones superficiales, pasa a la palpación de las estructuras más profundas para evaluar lo siguiente:

- Movilidad de los tejidos blandos.
- Dolor a la palpación.
- Edema (tejido congestionado o con líquido y esponjoso/crónico, duro/agudo).

- Tensión en la musculatura profunda o las fascias.
- Fibrosis (cicatrices).
- Puntos gatillo.

Procura no hablar durante el proceso de palpación. Cierra los ojos y deja que sean tus dedos los que se impongan, lo cual aumentará tu sensibilidad y tus hallazgos.

Evaluación del dolor

El dolor es una experiencia muy individual. Dado que la comprensión, tolerancia y mecanismos para afrontar el dolor son exclusivos de cada cliente, la evaluación del dolor puede ser muy difícil. Por esta razón, hay que permanecer sensible a las necesidades individuales del cliente y trabajar dentro de su capacidad. Cuando aplicas presión a los tejidos y el cliente te dice que produce una buena sensación, esto indica que la presión está provocando un efecto analgésico y el cliente normalmente quiere que continúes así. El dolor dañino lo indica una contracción muscular del cliente que empuja contra el movimiento que tú estás aplicando. Los clientes más habladores verbalizarán sus sentimientos y te dirán cuándo les duele (es inapropiado decir a un cliente que este tipo de dolor es bueno para él). Otros indicadores de que el cliente está experimentando molestias varían desde la transpiración hasta la respiración superficial, pasando por contener el aliento, apretar los puños o moverse inquieto. Como decíamos antes, las pistas verbales son indicaciones evidentes, pero los clientes pueden quedarse muy callados, y algunos incluso reaccionan riéndose nerviosamente. Durante el proceso de evaluación, asegúrate de que no haya factores que supriman la capacidad del cliente para sentir dolor, tales como cierta medicación o enfermedades tales como la diabetes.

Al evaluar el dolor, trata de determinar con la mayor precisión posible la estructura afectada. La tabla 9.1 te ayudará a aislar la estructura que pueda estar implicada comparando los diversos tipos de respuesta al dolor de los tejidos blandos; cuándo puede sentirlo el cliente; si es al inicio o al final del movimiento; y si el cliente lo siente durante un movimiento activo, pasivo o contra resistencia.

El cuerpo reacciona de manera natural para evitar el dolor reduciendo al mínimo el movimiento o estrés de la zona. Esto ocurre estableciendo la zona lesionada y aplicando "defensa muscular", mediante la cual el cuerpo se coloca en una posición de alivio, una postura innatural. Esto crea en todo el cuerpo un patrón compensatorio para acomodarse a los cambios en el uso muscular. Si estos cambios no se afrontan o se corrigen, puede convertirse en un patrón establecido que provoque problemas secundarios. Uno de los trabajos de un quiromasajista terapéutico puede ser aclarar estos patrones compensatorios. La clave para restablecer y fomentar nuevos patrones es trabajar metódica y lentamente; si no, el tejido puede reaccionar reactivando la respuesta de defensa muscular.

Tabla 9.1   Comportamiento ante el dolor de los tejidos dañados

	Activo	**Activo contra resistencia**	**Pasivo**
Músculo	Dolor en el inicio del movimiento que implica la contracción de ese músculo.	Dolor en el inicio del movimiento que implica la contracción de ese músculo.	Dolor en el estiramiento pasivo de ese músculo.
Tendón	Dolor en el inicio del movimiento que implica la contracción de ese músculo.	Dolor en el inicio del movimiento que implica la contracción de ese músculo.	Dolor en el estiramiento pasivo de ese músculo diferenciado de problemas musculares por la localización del dolor.
Ligamento	Dolor al final del rango cuando el ligamento está estirado.	Ningún dolor.	Dolor al final del rango cuando el ligamento está estirado.
Cápsula articular	Dolor al final de muchos rangos (y el rango puede estar reducido por adherencias).	Ningún dolor, a menos que la cápsula esté inflamada; entonces hay dolor cuando el músculo se contrae a consecuencia de compresión o tensión.	Dolor al final de muchos rangos (y el rango puede estar reducido por adherencias).

Entre los factores que pueden influir en la capacidad de una persona para tolerar el dolor se incluyen personalidad, antecedentes socioculturales, experiencia previa y estado actual de salud. Comprender cómo estos factores pueden afectar a las sensaciones y reacción del cliente ante el dolor te orientará en la selección y realización de técnicas con mayor precisión.

CONSEJO Un instrumento valioso para ayudar a establecer si el tejido está suficientemente sano para recibir masaje es aplicar presión lenta a la zona con tu pulgar. Si el dolor se reduce en 10 segundos, el masaje es aceptable; si el dolor aumenta durante los 10 segundos, la situación es demasiado aguda y debes poner en práctica protocolos para una fase aguda.

Los siguientes principios te ayudarán a devolver los tejidos blandos a un estado saludable. Primero, deja que los tejidos te dicten la velocidad a la que moverte; espera hasta que se relaje y ceda a tu tacto antes de pasar a otra parte. Si te mueves con demasiada rapidez, puedes provocar un dolor innecesario y también dañar el tejido. No trates una zona en exceso; ten presente siempre que, cuanto menos, mejor. Sigue todo tu trabajo con técnicas de drenaje y relajación para ayudar al proceso de curación. Respeta siempre lo que el cliente te diga acerca de cómo se siente respecto al dolor, y no dejes de empatizar con él. Los clientes son la mejor fuente de información, y pueden dirigirte acerca de cuándo aligerar o ralentizar. Aplicando estos principios, tendrás resultados más positivos.

CONSEJO Ten presente lo siguiente al dar masaje:

- Cuanto menos, mejor.
- No excederse en el tratamiento.
- Drenar la zona.
- Trabajar en colaboración con el tejido.

- Respetar las reacciones del cliente.
- Ralentizar y sentir la respuesta.
- Es posible que lo ligero sea profundo.

ESCALA DEL DOLOR   La tolerancia al dolor es distinta del umbral de dolor. El umbral de dolor es el punto de partida en el que una persona empieza a sentir dolor, y se relaciona más con la cantidad de dolor que una persona puede soportar. Una escala de dolor es una manera útil de medir este umbral de dolor. Te permite calibrar los niveles de dolor antes, durante y después de cada tratamiento, así como de sesión a sesión. Es una forma práctica de medir y reforzar los progresos; cuando el proceso de curación parece lento, el cliente puede ver que existe un cambio y mantener la esperanza. (Por supuesto, esto sólo funciona si existe realmente un cambio positivo.) Pueden utilizarse escalas del dolor de diversas maneras. Una de ellas es recabar la opinión oral del cliente indicando si el dolor es leve, moderado o severo. Otra es supervisar la medida del dolor utilizando una escala de 0 a 10, siendo el 0 la ausencia de dolor y el 10 un dolor insufrible.

Es útil supervisar los niveles de dolor o de molestias durante todo el tratamiento para hacerse una idea clara de la intensidad a la que se está trabajando (lo ideal es no superar nunca el 8, y mantenerse preferiblemente entre el 6 y el 7). El cliente es quien mejor puede indicar lo que le resulta cómodo y orientarte respecto a la profundidad y velocidad de trabajo que más le convenga.

PREGUNTAS SUBJETIVAS   Esta sección se ocupa específicamente del dolor, pero puede que lo que un cliente sienta no sea dolor propiamente dicho. En principio, es más prudente preguntar al cliente lo que está experimentando (es decir, cómo se manifiestan los síntomas). Déjale que lo nombre o lo describa con sus propias palabras. Esto te ofrece un relato sincero de lo que está sintiendo. Las siguientes preguntas son específicas para la valoración del dolor, pero otras palabras, tales como *molestias,* pueden emplearse también si es eso lo que el cliente está experimentando.

- ¿Cómo y cuándo empezó el dolor (o la molestia)? ¿Fue surgiendo lentamente o apareció de repente?
- ¿Qué sensación produce? ¿Cómo lo describes?
- ¿Cuál es su severidad, en una escala de 1 a 10?
- ¿Qué lo empeora?
- ¿Qué lo mejora? ¿Existen factores que lo alivien, como los siguientes:
  - Movimiento (tensión crónica)?
  - Descanso (agudo)?
  - Posición (indicador de la causa)?
  - Calor (muscular)?
  - Frío (inflamación)?
- ¿Varía durante el día? Y si es así, ¿cuándo?
- ¿Cuál es la frecuencia: diaria, todo el tiempo, intermitente?

- ¿Ha mejorado o empeorado con el tiempo, o es más o menos igual?
- ¿Qué crees que lo está causando?
- ¿Se irradia a alguna zona o punto?
- ¿Existen factores asociados?
- ¿Qué pruebas o estudios has realizado sobre este dolor (p. ej., radiografías, escáneres, analíticas de sangre, tests del sistema nervioso)?
- ¿Qué tratamiento, si tienes alguno, estás siguiendo o has seguido en el pasado? ¿Ha sido eficaz?
- ¿Cómo ha afectado este dolor (o molestia) a tu entrenamiento?
- ¿Padeces cualquier otra afección no relacionada con este dolor, o has recibido tratamiento clínico de tu médico, incluyendo fármacos?
- ¿Estás esperando ver a cualquier otro especialista o tener una intervención quirúrgica debido a ello?

DESCRIPTORES   Los descriptores del dolor pueden ser un instrumento valioso para ayudar a evaluar y establecer una imagen clara de una afección. El dolor como instrumento diagnóstico por sí mismo es inadecuado y de ninguna manera te dará toda la información que necesitas, pero es importante que realices una evaluación exhaustiva para poder tomar decisiones bien fundadas. En algunas circunstancias es más apropiado remitir al cliente a otro profesional de la salud basándote en la descripción de la afección. Los siguientes descriptores te ofrecerán algunas orientaciones acerca de qué sistemas pueden estar afectados o la afección con la que el dolor pueda estar asociado.

Punzante: agudo, puede estar asociado también con una afección neural.
Sordo: afección ósea, crónica.
Profundo: dependiendo de la estructura, podría estar asociado con una afección crónica, ósea o neural.
Terebrante: afección ósea, artritis o cáncer.
Constante: afección crónica.
Hormigueante: afección del sistema nervioso autónomo o central.
Urente: afección fascial; también puede indicar daños a la espina dorsal, dolor neural o fibromialgia.
Difuso: posibilidad de una afección no muscular o muscular refleja.
Pulsátil: afección vascular, así como inflamación aguda.

Escozor: afección dérmica.

Penetrante/lineal/eléctrico: afección neural.

Cólico, intermitente o espasmódico: afección visceral.

BANDERAS ROJAS   Las banderas rojas son indicadores de que se necesita tratamiento médico de urgencia y de remitir al cliente a primeros auxilios. Si el cliente demuestra los siguientes síntomas y están asociados con dolor lumbar o ciática, o el cliente se ha visto envuelto en un accidente automovilístico reciente, es recomendable remitirle a los servicios de urgencia. Se requiere un cierto grado de juicio clínico, porque estos síntomas por sí solos generalmente no plantean riesgo grave suficiente para justificar una remisión posterior a otros servicios médicos. Si se tienen dudas, es mejor pecar por exceso de precaución y remitir al cliente a dichos servicios.

Cefaleas: especialmente preocupantes si no existe ningún factor musculoesquelético obvio.

Entumecimiento: problemas neurológicos o vasculares.

Pinchazos, hormigueo: problemas neurológicos o vasculares.

Palpitaciones: afección cardiovascular.

Mareos.

Trastornos del sueño.

Síntomas con tos y estornudos: afección espinal.

Sensación de peso en la pelvis: afección espinal.

Cambios en la función intestinal o urinaria: cola de caballo (cauda equina) o una posible afección neurológica.

Evaluación postural

Una persona con una postura ideal se mueve sin esfuerzo, no siente dolor y es capaz de cubrir unas demandas físicas razonables. Puede hacer un empleo eficiente del sistema musculoesquelético, al existir un estado de equilibrio entre cómo funciona el músculo y la carga articular.

Hay un gran debate acerca de las funciones y papeles de los músculos posturales, los músculos fásicos y cómo estos tipos de músculos se comportan cuando se vuelven disfuncionales. Los músculos posturales a menudo funcionan a un bajo nivel de tensión durante largos períodos sin fatigarse. Actualmente se cree que cuando estos músculos desarrollan desequilibrios, tienden a acortarse y a volverse hiperactivos. Los músculos fásicos, que son los movilizadores, tienden a debilitarse, quedar inactivos y a veces alargarse (ver Chaitow y DeLany, *Aplicación clínica de las técnicas neuromusculares,* vol. 1 (2.ª ed.), p. 22). En ambas situaciones, la función normal del músculo se ve alterada, afectando a su alineación y perturbando el equilibrio de las articulaciones, provocando así una postura defectuosa.

Un aumento significativo de la carga articular puede provocar desequilibrios musculares. Estos desequilibrios pueden conducir a problemas de salud y de los tejidos blandos que pueden afectar al rendimiento del deportista. Los siguientes factores pueden causar desequilibrios musculares y una mala postura:

- Biomecánica defectuosa.
- Lesión previa.

- Problemas psicosociales.
- Demandas de las actividades diarias o deportivas.
- Una combinación de los factores precedentes.

Las patologías que pueden surgir por el mal uso, el abuso o el desuso del sistema musculoesquelético son restricciones fasciales, patrones de compensación, infra o hiperdesarrollo de los tejidos blandos y la desalineación de algunas estructuras. Estas afecciones se reflejarán en la longitud y los patrones de equilibrio del músculo y tendrán que considerarse al tomar decisiones de tratamiento.

Para elegir en qué músculos centrarse y qué técnicas emplear, hay que comprender el comportamiento muscular. Una regla general es desentumecer el músculo tenso antes de fortalecer los circundantes; cualquier cambio de tensión del músculo diana afectará al comportamiento de sus vecinos. Por lo tanto, si optas por alterar la condición de los tejidos blandos, tendrás que considerar el efecto que eso tendrá en otras partes del cuerpo. Es importante poner en práctica un plan reflexivo y cuidadosamente considerado, trabajar gradualmente, dejar tiempo al cuerpo para hacer adaptaciones sin provocar una inestabilidad desfavorable y evaluar y reevaluar los cambios. Esto servirá para asegurar que los cambios que provoques sean los pretendidos.

EVALUACIÓN   La evaluación postural empieza en el momento en que el cliente entra por la puerta. Se trata de una oportunidad excelente para observar sus movimientos naturales, cómo se sostiene, sus expresiones faciales y sus niveles generales de energía. Este período de observación de carácter no oficial te permite ser testigo del comportamiento diario del cliente. Los clientes suelen cambiar su conducta (p. ej., erguirse más) cuando se saben observados.

Al inicio de tu formación, una plomada puede servirte de ayuda para ver los cambios musculoesqueléticos. Esta herramienta es útil hasta haber desarrollado la visión natural que pueda captar diferencias o cambios insólitos mediante la observación casual.

CONSEJO En cuanto un cliente cree estar siendo observado, tiende a colocarse en una posición que considera correcta, en vez de en un modo natural. Ten presentes los sentimientos del cliente y sus reacciones al tener un par de ojos examinándole; es posible que encuentre todo el proceso algo intimidante. Para fomentar un estado más relajado, trata de no mirar de manera fija ni directa la postura del cliente, sino hacerlo inadvertidamente mientras mantienes una conversación relajada. Reduce al mínimo el tiempo de evaluación.

Para llevar a cabo una evaluación postural usando una plomada, pide al cliente que se ponga de pie y dispón la plomada a lo largo de su cuerpo. Esto te permite evaluar los puntos óseos y de los tejidos blandos en relación con líneas de referencia verticales y horizontales. No es difícil confeccionarse una plomada: basta una cuerda, poner un peso en el extremo y colgarlo de algún sitio que permita una vista lateral, anterior y posterior del cliente. Las evaluaciones posturales posterior, anterior y lateral se explican en las págs. 134-135.

CONSEJO Si el cliente adopta una postura amplia o se pone de pie en una posición forzada y poco natural, pídele que marche sobre el terreno unas 10 veces. Esto normalmente dispondrá su espalda en una posición más natural.

VISTA POSTERIOR

Pide al cliente que se coloque de pie con los pies separados en posición natural. Cerciórate de que la plomada caiga justo entremedias de los talones y que el cuerpo del cliente no toque la cuerda.

Observaciones

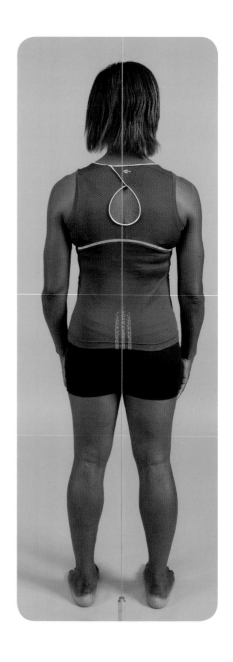

Sí   No   ¿Están nivelados los hombros?

Sí   No   ¿Son iguales la altura y posición de las escápulas? ¿Existe "aleteo"?

Sí   No   ¿Presenta la columna vertebral curvatura lateral?

Sí   No   ¿Está inclinada la cabeza hacia un lado? ¿A la derecha o a la izquierda?

Sí   No   ¿Son simétricas las posiciones de los brazos?

Sí   No   ¿Son los pliegues grasos de los costados iguales en número y simétricos?

Sí   No   ¿Están niveladas las crestas pélvicas?

Sí   No   ¿Están desarrollados los músculos paravertebrales?

Sí   No   ¿Están nivelados los pliegues glúteos?

Sí   No   ¿Están a la misma altura los pliegues poplíteos?

Sí   No   ¿Están los pies separados simétricamente?

Sí   No   ¿Los tendones de Aquiles parecen desviados o simétricos?

Sí   No   ¿Las posiciones de los maléolos son simétricas en relación con los talones?

Tomado de S. Findlay, 2010, *Sports massage* (Champaign, IL: Human Kinetics).

VISTA ANTERIOR

Pide al cliente que se coloque de pie con los pies separados en posición natural. Cerciórate de que la plomada caiga justo entremedias de los talones y que el cuerpo del cliente no toque la cuerda.

Observaciones

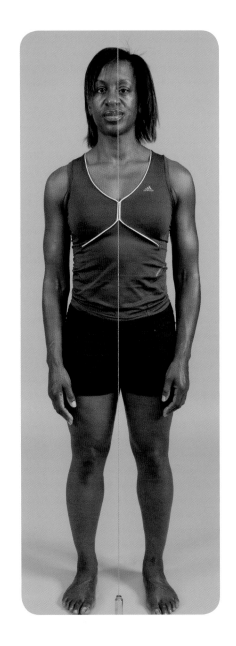

Sí	No	¿Está la cabeza inclinada a un lado? ¿A la derecha o a la izquierda?
Sí	No	¿Son simétricos los niveles de los hombros?
Sí	No	¿Está horizontal la línea clavicular?
Sí	No	¿Están las puntas de los dedos en un punto igual en el lado del cuerpo?
Sí	No	¿Están niveladas las crestas pélvicas?
Sí	No	¿Están desviadas las rótulas? ¿Externa o internamente?
Sí	No	¿Tienen los pies un arco plantar normal? ¿Son planos o cavos?
Sí	No	¿Presentan pronación los pies?

Tomado de S. Findlay, 2010, *Sports massage* (Champaign, IL: Human Kinetics).

VISTA LATERAL

Coloca al cliente de manera que la plomada pase justo por delante de los maléolos externos. Lo ideal es que la cuerda pase entonces:

- Ligeramente por delante del tobillo.
- Ligeramente por delante del centro de la rodilla.
- Justo por detrás del centro de la articulación coxofemoral.
- Por el centro de la articulación del hombro.
- Por el lóbulo de la oreja.

Observaciones

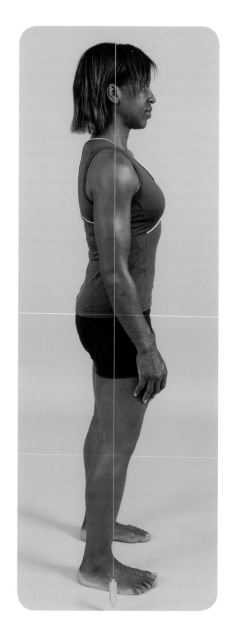

Sí	No	¿Está equilibrada la cabeza?
Sí	No	¿Presenta protrusión de hombros?
Sí	No	¿Están exageradas las curvas espinales normales? ¿Padece el cliente lordosis o cifosis?
Sí	No	¿Están invertidas las curvas espinales normales?
Sí	No	¿Están las posiciones de los brazos a los lados del cuerpo? ¿Detrás o delante?
Sí	No	¿Están relajadas las rodillas?
Sí	No	¿Están las rodillas bloqueadas en extensión?
Sí	No	¿Está el cuerpo rotado en su conjunto?

Tomado de S. Findlay, 2010, *Sports massage* (Champaign, IL: Human Kinetics).

Las desviaciones laterales ligeras son normales. Ningún cuerpo es simétrico y al comparar un lado con otro no es raro encontrar algunas discrepancias. Lo que estás buscando son formas, colocaciones y similitudes normales.

La información recogida de una evaluación postural te dará una mayor comprensión acerca de dónde están cargándose las tensiones en el aparato musculoesquelético. Lo que hagas con tus hallazgos dependerá de cuál es el problema y de las metas perseguidas con el tratamiento. Tu análisis final tendrá que incluir todas tus demás evaluaciones, de manera que puedas crear un plan de tratamiento preciso.

Relación entre la evaluación del rango de movimiento y la función muscular

El propósito de la evaluación del rango de movimiento (RDM) es ayudarte a tomar decisiones bien fundadas sobre los músculos en que centrarte para crear un equilibrio beneficioso. A veces es inadecuado alargar o reducir la tensión en una estructura, porque su propósito es estabilizar una articulación o servir de ayuda en el rendimiento del deportista. Por tanto, tienes que comprender qué músculos obstaculizan y cuáles mejoran el rendimiento del atleta. El trabajo con deportistas requiere unos conocimientos exhaustivos del movimiento, que superan con mucho el alcance de este libro. Este apartado proporciona unos conocimientos básicos y está pensado para ayudarte a desarrollar una consciencia de las técnicas de evaluación necesarias para verificar el RDM normal o anormal, la función muscular y la fuerza. Te ayudará a determinar restricciones y debilidades, además de servirte para medir las mejoras.

CONSEJO Los tests de RDM evalúan lo siguiente:

- Aumento o reducción del RDM.
- Dolor.
- Aumento o reducción de la fuerza.
- Facilidad de movimiento.

- Final de la sensación articular.
- Hipertonicidad ("tirantez" o tensión: aumento de la resistencia al movimiento)
- Crepitación.

Al evaluar el sistema muscular, ten presente que actúa como una unidad interactiva completa, en vez de como músculos independientes. Cualquier desequilibrio en una zona del aparato musculoesquelético afecta a otras estructuras de otras partes del cuerpo. Ésta es la razón por la que, al evaluar a un cliente, siempre es importante disponer de una perspectiva global de la función de los tejidos blandos en vez de centrarte en un solo músculo o articulación. Ningún músculo está diseñado para absorber toda la tensión del cuerpo; el comportamiento muscular está pensado para ser un equilibrio combinado de funciones. Dado que el deporte exige acciones repetitivas y puede constituir movimientos asimétricos, estas acciones a menudo pueden perturbar el equilibrio normal e imponer mayores exigencias sobre algunas estructuras, las cuales pueden provocar un aumento en el riesgo de lesión.

La tensión también puede ser resultado de una lesión previa, microtraumas, cambios posturales y estrés emocional. En el caso de microtraumas, la lesión puede pasar inadvertida. En una zona pequeña pueden formarse adherencias, sometiendo a estrés a los tejidos circundantes. Aunque al principio estas adherencias sean microscópicas, pueden afectar a la función normal de los tejidos y provocar posteriores roturas de tejidos en las zonas circundantes. Con el tiempo, esta situación puede progresar, convirtiéndose en un problema de mayores proporciones.

Consideremos el ejemplo de un corredor que se queja de dolor en la rodilla y de molestias lumbares. Inicialmente, los síntomas eran casi inexistentes; todo empezó como una pequeña punzada en las dos pantorrillas hace 6 meses. La punzada no ocurría todo el tiempo, pero de vez en cuando después de correr sentía que las pantorrillas estaban tensas. Con el tiempo, las molestias pasaron a ser una característica regular después de cada carrera y aumentaron para incluir una incómoda tensión cuando empezaba a correr, pero desaparecían poco después de calentar los músculos. Tras unos pocos meses no era capaz de soportar peso o de bajar el talón a primeras horas de la mañana. Las molestias cada vez tardaban más en aliviarse cuando empezaba a correr. Recientemente ha notado que estaba evitando bajar el talón al correr y ahora era incapaz de correr sin dolor en las rodillas. Actualmente, sus síntomas han pasado a incluir problemas lumbares.

Esto ilustra cómo los microtraumas pueden evolucionar desde una ligera tensión hasta un problema más global. La situación precedente demuestra que, a medida que la función muscular y los tejidos se deterioran, se desarrollan patrones compensatorios. El masaje puede desempeñar un papel fundamental en prevenir tales afecciones liberando adherencias y reduciendo la tensión muscular mediante el empleo de técnicas de tejidos blandos.

TESTS ACTIVO Y PASIVO DEL RDM   El propósito de estas pruebas es determinar el rango de movimiento del cliente tanto activa como pasivamente. Se evalúa la sensación (p. ej., si se mueve con facilidad o está rígida), así como el recorrido que puede realizar. La evaluación debe identificar cualquier dolor, limitaciones del movimiento o crujidos (crepitación).

En un test activo el paciente realiza el movimiento, lo cual tiene la ventaja de permitirte valorar el rango de confort del cliente. Un test activo del RDM también puede ayudar a distinguir entre el dolor articular y muscular. Sentir dolor en un movimiento activo es más que probable que indique un problema de tejidos blandos (es decir, músculo o tendón). Sentir dolor en un movimiento pasivo lo más probable es que indique dolor esquelético asociado con una articulación o hueso.

Tanto en tests activos como pasivos del RDM, se pide al cliente que realice un rango normal de movimiento. En los tests activos se aprecia lo que el cliente está dispuesto a hacer, o es capaz de hacer. Los tests pasivos identifican el RDM limitado o excesivo y te permite evaluar la fuerza, la facilidad de movimiento, las sensaciones articulares durante el movimiento, la sensación final y la hipertonicidad (es decir, el aumento de la resistencia tisular). Si existe algún dolor durante los tests pasivos, hay que detener el movimiento en ese punto.

Rango de movimiento   Cada rango de movimiento sometido a prueba se mide desde la línea neutra de la posición anatómica y se desplaza a través de los planos sagital, frontal y transversal. Estos tests deben reflejar el movimiento normal de que dispone esa articulación (es decir, flexión, extensión, rotación, abducción, aducción y circunducción). Cualquier RDM que sea mayor del grado esperado se considera hipermóvil; algo menor representa una restricción y se considera hipomóvil. Hay que comparar siempre las extremidades y articulaciones de ambos lados del cuerpo.

Las fotos de RDM de las páginas 139-140 muestran unos cuantos tests básicos que te servirán para evaluar lo que es normal para el cliente y te permitirán comparar tus hallazgos. Ilustran los tests del rango de movimiento más comunes y afrontan las opiniones discrepantes acerca de lo que se consideran rangos aceptados. Estas fotos establecen las bases para evaluar a clientes, pero debes tener presente que lo que pueda ser un RDM normal para determinado cliente tal vez no sea igual para todas las personas.

Tests Básicos del Rango de Movimiento

40-45 grados de flexión lateral del cuello.

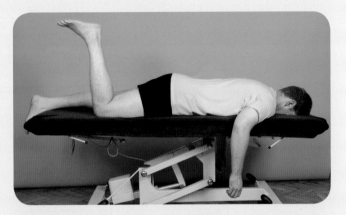

90-140 grados de flexión de la rodilla.

35-40 grados de rotación interna de la cadera.

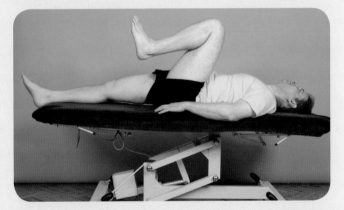

130-135 grados de flexión de la cadera.

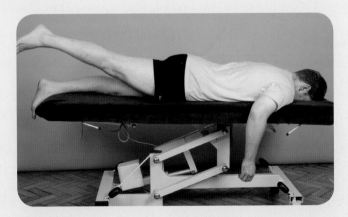

10-30 grados de extensión de la cadera.

(continúa)

Tests Básicos del Rango de Movimiento   *(continuación)*

180 grados de abducción
del hombro.

50 grados de aducción
del hombro.

Hallazgos normales y anormales   El final de rango normal de una persona está limitado por los músculos, los tendones, las estructuras articulares, como puedan ser los ligamentos, o los huesos mismos. En un test del estiramiento de los tejidos blandos (como en un estiramiento de isquiosurales con la pierna recta), los tejidos deben presentar un aumento de tensión que se sienta elástico o produzca la sensación de estirar una goma elástica al acercarse a su rango final. Si estás realizando un test en una cápsula (como en uno de los hombros), debe sentirse como estirar un trozo de cuero. La sensación ósea final (como en la extensión de codo) es como cabría esperar: dura y repentina. En todos estos tests no debe haber ningún dolor.

Tests del Final del Rango

ESTIRAMIENTOS DE ISQUIOTIBIALES CON LA PIERNA RECTA   Coloca al cliente en posición supina. Retira todos los cojines y deja que la pelvis y el cuerpo se encuentren en posición neutra. En un estiramiento activo, el cliente eleva una pierna recta hacia la cabeza mientras la otra permanece extendida en la camilla. Observa que la pierna de la camilla no empiece a flexionarse por la rodilla. Vigila también la pierna que estás levantando, para asegurarte de que permanece recta. Al mismo tiempo, sé consciente de lo que está haciendo la pelvis: cerciórate de que no altere su posición durante el levantamiento. No debe haber dolor durante este procedimiento. Si lo hay, detén el movimiento y ayuda al cliente a volver con su pierna a la camilla. En un test pasivo ocurre el mismo proceso, pero es el terapeuta quien controla el movimiento. Asegúrate de sostener la pierna por detrás de la rodilla para prevenir cualquier estrés indebido a esta articulación. Vigila los mismos movimientos no deseados; siempre y cuando suceda, el test debe detenerse, porque ése es el punto en el que el rango de movimiento del cliente está limitado.

ROTACIÓN EXTERNA E INTERNA DEL HOMBRO   Sienta a tu cliente cómodamente en el borde de la camilla, asegurándote de que la planta de los pies esté apoyada en el suelo y su espalda soportada, lo cual puede hacerse colocando una almohada entre el cliente y tú, utilizando tu cuerpo para sostenerle, o bien incorporándote en la camilla sobre una pierna flexionada mientras utilizas la otra pierna doblada para sostener al cliente de lado. Tanto en el test activo como en el pasivo, el cliente eleva su brazo hasta la altura del hombro. Asegúrate de poder hacerlo sin elevar el hombro; si no, elévalo sólo hasta la altura que sea cómoda para él. Tanto para el test de rotación medial o interna como para el de la lateral o externa, el brazo del cliente tiene el codo flexionado en ángulo recto. Manteniendo esta posición, rota el antebrazo hacia delante o hacia atrás hasta que se sienta una restricción.

(continúa)

Tests del Final del Rango   *(continuación)*

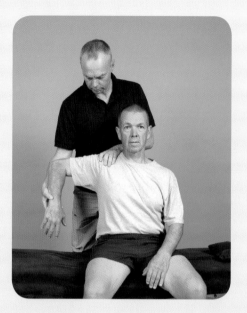

CONSEJO   Si el cliente no puede elevar su brazo de manera que el codo esté a la misma altura que el hombro, puede que tenga bien un pinzamiento del hombro o bien capsulitis adhesiva (hombro congelado). Confirmar cualquiera de las dos afecciones requerirá la realización de más estudios.

EXTENSIÓN DEL CODO   Este test, como los demás, puede realizarse en posición sentada o en cualquier otra posición que permita un rango de movimiento completo. En este test en particular el brazo está soportado mientras el cliente se encuentra en posición sentada sobre la camilla. Saca el brazo lateralmente evaluando sensaciones anormales. Una sensación normal sería la de un final duro cuando un hueso entra en contacto con el otro.

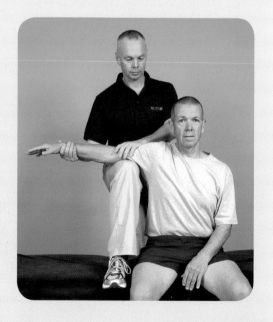

Una restricción de la extremidad antes de su rango final normal debido a dolor indicaría una anormalidad. Tanto si se debe a un problema de tejido blando como duro, hay que detener en este punto el movimiento. A veces ocurre una contractura muscular como reacción refleja al dolor. El final del rango puede acortarse a resultas de fibrosis del tejido sin la presencia de inflamación. Al igual que en el hombro, la sensación final normal como de estirar un trozo de cuero se vuelve correosa y restringida. Una sensación suave o blanda indica la existencia de edema. Hay que remitir al cliente a un especialista si no hay estabilización en la articulación, si crees que existen daños graves o si percibes una sensación inusual elástica o de rebote en la articulación.

La reducción del rango de movimiento puede estar provocada por cambios posturales, fibrosis tisular, adherencias, defensa muscular, degeneración articular y otros factores, tales como edad y sexo. El aumento del rango puede deberse a hipermovilidad o inestabilidad de la articulación, como ya explicamos anteriormente.

Si la restricción en el movimiento se debe a defensa muscular (para proteger y estabilizar la articulación), ten cuidado. Realiza los cambios gradualmente, dejando tiempo a los tejidos para que se adapten a los cambios. Observar y evaluar los efectos globales de tu trabajo sobre los tejidos blandos es importante para el éxito de la terapia.

CONSEJO Cómo diferenciar entre afecciones aguda, subaguda y crónica:

- Aguda: evidencia de dolor antes de alcanzar el RDM normal.
- Subaguda: se siente dolor al final del RDM normal.
- Crónica: puede producirse dolor aplicando un poco más de presión al final del RDM activo o pasivo.

TESTS DE LA FUERZA Mientras evalúas el rango de movimiento de una extremidad, también puedes verificar la fuerza de este modo:

- Primero, estabiliza cualquier otra parte corporal que podría implicarse en el movimiento. Esto te ayudará a aislar el músculo en el que quieres centrarte.
- Aplica una pequeña resistencia al final del sistema de palancas (p. ej., para verificar la fuerza de flexión de la rodilla, coloca la mano sobre el talón del cliente mientras lo llevas hacia la cadera).

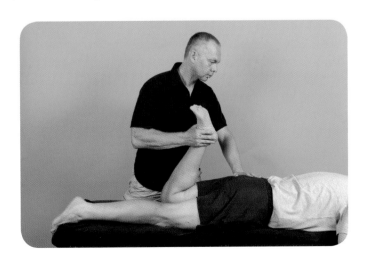

- Pide al cliente que se mueva lentamente mientras aplicas un poco de resistencia para controlar el movimiento. Los músculos deben ser capaces de soportar la resistencia apropiada durante 10 a 30 segundos sin dolor y sin reclutar a otros músculos.
- Emplea la palpación o la valoración visual para asegurarte de que el músculo sobre el que quieres centrarte es el que está activado.
- Compara siempre ambos lados del cuerpo (p. ej., las dos piernas).

Entre las contraindicaciones para los tests de la fuerza se incluyen el dolor agudo, la lesión o trauma agudos, la inflamación y la disfunción articular.

Una contracción que no produce ningún dolor y tiene una cantidad apropiada de fuerza es indicativa de normalidad. El dolor durante una fuerte contracción indica una lesión en el músculo, el tendón o la unidad perióstica. Una contracción débil e indolora podría indicar una de las diversas afecciones disfuncionales, entre las que se incluyen marcha defectuosa, falta de uso debida a un patrón antagonista hipertónico, inhibición debida a una lesión de las estructuras articulares adyacentes, irritación o pinzamiento nervioso o una afección postural que haya provocado un desequilibrio de tensión longitudinal. Dependiendo de lo que descubras, aplica masaje de manera considerada para obtener el resultado deseado.

Fase interpretativa

La fase de interpretación de la evaluación consiste en recopilar la información, identificar las necesidades del cliente y formular un plan de acción. La información inicial que se ha recogido proporciona la base sobre la que trabajar, pero hay que tener presente que ocurrirán cambios de una sesión a otra e incluso durante una sola sesión. Por lo tanto, es posible que tengas que volver a los tests precedentes en algún momento. Muchos factores influirán en la dirección que tome el tratamiento, incluyendo la conformidad del cliente a las recomendaciones, la posterior información recibida y la reacción al masaje. Debes permanecer abierto y adaptable a los cambios, positivos o negativos, y reconocer cuándo es apropiado volver a valorar o evaluar la situación.

El establecimiento de objetivos no consiste tanto en qué técnicas de masaje utilizar, sino en determinar los resultados que el cliente quiere lograr y cómo conseguirlos. Los objetivos deben ser específicos y relevantes para el deporte o actividad de la persona, y tienen que ser medibles y obtenibles dentro de un período de tiempo concreto.

A continuación, se incluyen ejemplos de limitaciones funcionales y objetivos:

- *Limitación funcional:* Un corredor es incapaz de correr más de 8 km debido al dolor en el tendón de Aquiles. *Objetivo:* El cliente podrá correr sin dolor durante 8 km.
- *Limitación funcional:* Un levantador de pesas es incapaz de realizar un levantamiento en peso muerto de 20 kilogramos debido a dolor lumbar. *Objetivo:* El cliente podrá levantar en peso muerto 20 kg sin que aparezca dolor.
- *Limitación funcional:* Una clienta es incapaz de cepillarse los dientes debido al dolor que aparece al abducir el brazo. *Objetivo:* La clienta podrá cepillarse los dientes sin dolor.

Para diseñar un plan de tratamiento apropiado, será necesario considerar todos los factores intrínsecos y extrínsecos que hayan influido en el desarrollo de la afección, así como la información proveniente de tus evaluaciones y el historial médico del cliente. Evita realizar ninguna afirmación ni establecer ningún objetivo de manera concluyente;

deja siempre espacio para otras posibilidades y consideraciones. A menudo, los síntomas presentes no lo explican todo. Una vez empieces a resolver los problemas de las capas de tejido blando, es posible que encuentres pruebas que te dirijan a una conclusión distinta. Debes ser capaz de responder y adaptarte.

A continuación se incluyen pautas para establecer e implementar objetivos efectivos de tratamiento:

- Establece objetivos exigentes pero realistas.
- Establece objetivos específicos, conductuales y medibles.
- Establece objetivos tanto procedimentales como de resultado.
- Emplea una terminología positiva.
- Establece un calendario global para la consecución de objetivos.
- Supervisa y evalúa los progresos.
- Céntrate en grados de logro.
- Personaliza los objetivos.

Los objetivos pueden dividirse en metas a corto, medio y largo plazo. Trabajando con el cliente para combinar objetivos deportivos y vitales, puedes ayudar a hacer más realistas y alcanzables los resultados.

Remitir a especialistas es una consideración importante al inicio del tratamiento o más adelante durante el mismo, porque puede que los clientes necesiten más pruebas de estudio, así como la ayuda de otros profesionales en los campos del ejercicio, la nutrición o la psicología. Ten presente el valor de trabajar con otro profesional y aprender de él; el masaje puede ser una profesión muy solitaria, y es prudente conseguir más consejos y recomendaciones.

Familiarizarse con el proceso y desarrollar las habilidades manuales exige práctica en todas las fases de la evaluación. La experiencia y la práctica te permitirán hacer las preguntas oportunas, mover al cliente de manera confortable, saber cuándo y qué evaluar, e interpretar con precisión los resultados y establecer objetivos apropiados. Ningún libro de texto ni profesor puede enseñarte estas habilidades. La mejor manera de dominarlas es ponerte a practicarlas.

Después de haber establecido tus objetivos globales, puedes formular un plan de acción. La manera de llevar a cabo el plan dependerá de diversos factores, tales como las técnicas de que dispones en tu repertorio y cuáles son adecuadas, así como la escala temporal (es decir, si dispones de meses, días o una sola sesión). También están las expectativas del cliente y diversos factores intrínsecos y extrínsecos que considerar, tales como la salud y edad del cliente. Durante todo este proceso, ten presentes tus objetivos como quiromasajista terapéutico deportivo. Principalmente tienes que mantener libre de lesiones al deportista para optimizar su rendimiento muscular. Como terapeutas de tejidos blandos, podemos tener un efecto muy positivo, pero a veces es necesario y beneficioso colaborar, en equipo, con otros profesionales de la salud o con personal docente. Hay que tener un enfoque centrado en el cliente que permita la aportación de todas las terapias disponibles para ofrecer a los clientes la mejor oportunidad de lograr sus objetivos.

 El formulario de evaluación del cliente de la figura 9.3 te ayudará a sintetizar todas las valoraciones objetivas, subjetivas e interpretativas que tendrás que hacer para evaluar exhaustivamente a los clientes.

Nombre del cliente:		Fecha de nacimiento:
Dirección:		Código postal:
Tel. móvil:	Tel. fijo:	Tel. trabajo:
Correo electrónico:		
Profesión:		

Detalles de contacto de su médico: Código postal:

Motivo inicial de acudir a masaje:

Consideraciones especiales (alergias, preferencias...):

Historial médico:

Programa de entrenamiento (FITT):

Frecuencia

Intensidad

Tiempo

Tipo

Resumen de la entrevista inicial:

Hallazgos subjetivos

Hallazgos objetivos

- Posturales

- Rango de movimiento

- Limitaciones funcionales

- Palpación

Hallazgos interpretativos

Figura 9.3   Impreso de evaluación del cliente.

Tomado de S. Findlay, 2010, *Sports massage* (Champaign, IL: Human Kinetics).

Objetivos

Objetivos funcionales a corto plazo:

Objetivos funcionales a largo plazo:

Plan de tratamiento con masaje:

Tratamiento:

Hallazgos en la reevaluación:

Valoraciones del dolor o la molestia:

Antes del masaje   1   2   3   4   5   6   7   8   9   10

Durante el masaje   1   2   3   4   5   6   7   8   9   10

Después del masaje   1   2   3   4   5   6   7   8   9   10

Recomendaciones de cuidados en casa:

Comentarios del cliente:

EXONERACIÓN DE RESPONSABILIDAD: Declaro que, a mi leal saber y entender, no he oculta-do información relevante para mi tratamiento y que comprendo y acepto toda la responsabilidad por el tratamiento que se me ponga. También reconozco haber dado la información correcta como se detalla en este impreso, y acepto que deberé informar al terapeuta si estas circunstancias cambiasen.

Firma del cliente: _____

Firma del terapeuta: _____   Fecha: _____

Observaciones finales

El principal propósito del proceso de evaluación es determinar las áreas que exigen intervención, formular un plan y priorizar tus objetivos de manera significativa. Tus objetivos tendrán que ser sencillos, alcanzables y basarse en lo que el cliente desee. Trata de contenerte, evitando avanzar con una estrategia que no cuente con la aprobación del cliente, a pesar de lo mucho que puedas creer que es lo mejor para él. Este enfoque suele fracasar. Durante todo el proceso de trabajo rehabilitador o correctivo, tendrás que volver a realizar algunos de los tests para evaluar los progresos del cliente. Al comienzo de la sesión, aborda a tu cliente como si fuera la primera sesión. Mantente alerta ante cualquier cambio o reacción adversa. Como cualquier profesional con experiencia te contará, las cosas no siempre salen según el plan previsto, por lo que es importante volver a realizar el proceso de evaluación con objeto de responder adecuadamente a las cambiantes necesidades del cliente.

Autoevaluación

1. ¿Cuál es la diferencia entre evaluación subjetiva y objetiva?
2. ¿Cuál es la diferencia entre factores intrínsecos y extrínsecos que afecten a la lesión?
3. ¿Por qué partes del cuerpo debe pasar la plomada?
4. Durante un test activo, ¿quién realiza el movimiento, el cliente o el terapeuta?
5. ¿Cuáles son las ocho pautas para establecer objetivos efectivos?

El masaje en eventos deportivos

El trabajo en eventos deportivos puede ser gratificante pero muy exigente, en medio de una gran agitación. Entre los inconvenientes pueden incluirse malas condiciones de trabajo con estipendios bajos o inexistentes y trabajar largas horas sin descanso. En la otra cara de la moneda, pone a prueba tu capacidad para responder rápidamente a multitud de situaciones, desarrolla tus capacidades en una situación de la vida real y es una excelente oportunidad para poner en práctica tus conocimientos.

COMUNICACIÓN CON EL CLIENTE

El trabajo en eventos deportivos puede ser muy inspirador. Tengo el recuerdo de trabajar en el Maratón de Londres y observar las caras de todos aquellos participantes que bajaban por Birdcage Walk Lane hacia la meta; la pura determinación y emoción que era evidente en cada rostro fue un momento que nunca olvidaré. Después me pasé las 5 horas siguientes dando masaje a quienes habían terminado. Algunos eran veteranos y habían participado en muchas carreras y otros eran primerizos, pero todos tenían una historia que contar, lo cual me hizo darme cuenta de lo especiales que eran los momentos como aquél, y estaba contenta de participar en uno de ellos.

El masaje pre-competitivo, post-competitivo e intra-competitivo tiene, en gran medida, diferentes objetivos y resultados. La elección de técnicas varía, así como la duración de las sesiones. Debido a que cada tipo de trabajo en eventos deportivos tiene un fin y un valor, debes ser consciente de ello y aplicar las técnicas apropiadas en los momentos oportunos.

Masaje pre-competitivo

El masaje previo al evento deportivo puede tener lugar entre unos días y unos minutos antes de la prueba. Debido a que su fin principal es ayudar a preparar al deportista para realizar una tarea específica, suele centrarse en músculos concretos. Comprender las demandas de ese deporte te ayudará a decidir los músculos en que centrarte y el enfoque apropiado que adoptar para cubrir las necesidades del deportista.

¿Es adecuado el masaje pre-competitivo?

Para determinar si un masaje pre-competitivo es adecuado, considera lo siguiente:

- ¿Permite el evento deportivo la aplicación de lubricantes?
- ¿Qué tipo de evento deportivo es? ¿Comprendes las demandas de ese deporte para poder centrarte en los músculos importantes para ese acontecimiento?
- ¿Necesita el deportista tener tiempos de respuesta rápidos, o existe algún elemento de tranquilidad necesario para realizar su tarea? Distintos pases de masaje provocarán diferentes respuestas en los tejidos blandos (p. ej., si tiene que estar tranquilo, hay que emplear pases más lentos, etc.).

Si un deportista no ha recibido nunca masaje, no es éste el momento adecuado para empezar, porque no hay forma de saber si el masaje afectará adversamente a su rendimiento. Anímale a recibir masajes de mantenimiento con regularidad entre competiciones en el futuro.

¿Cuáles son las funciones de un masaje pre-competitivo?

El masaje previo a un evento deportivo tiene las siguientes funciones:

- Optimiza el rendimiento.
- Calienta los músculos y aumenta en ellos el riego sanguíneo.
- Reduce la tensión muscular.
- Estimula un rango de movimiento apropiado en las articulaciones.
- Prepara los músculos para la prueba.
- Toma en consideración la preparación mental.

¿Cuándo puede tener lugar un masaje pre-competitivo?

El masaje previo a un evento deportivo puede tener lugar poco antes del mismo o hasta un par de días antes. Cuanto más cerca esté del evento deportivo, más puede utilizarse para mejorar el calentamiento del deportista; sin embargo, no debe reemplazarlo. Un par de días antes de la competición, la intención del masaje es menos definida. Lo normal es que el propósito sea realizar un ligero drenaje o estirar las zonas adecuadas. Es posible realizar un tratamiento menor, pero no tanto que afecte a su rendimiento. Generalmente, el masaje pre-competitivo se realiza dentro del período de dos horas previo al evento deportivo. La duración del masaje es de 15 a 20 minutos.

¿Qué técnicas son apropiadas?

Las siguientes técnicas pueden realizarse con o sin lubricación, trabajando a través de una toalla o directamente sobre la piel, dependiendo del tipo de deporte o del fin del masaje. La velocidad o profundidad a la que se apliquen estas técnicas mejorará su rendimiento o podría afectarlo adversamente. Sé consciente de lo que necesita el deportista. Por ejemplo, ¿tiene que estar tranquilo? Si es así, emplea movimientos más lentos y metódicos. Y al contrario, ¿necesita estar estimulado? Entonces acelera tu trabajo, pero ten siempre cuidado con la tensión a la que estás sometiendo los tejidos, recordando que el fin es calentar los tejidos en vez de realizar un tratamiento. Si utilizas aceites o lociones, no dejes de retirarlos, limpiándolos bien al final de la sesión.

- Acariciamiento.
- Amasamiento.
- Compresión.
- Vibración.

- Percusión.
- Fricciones ligeras.
- Movilización pasiva.

Tal vez tengas que ser muy creativo con el masaje pre-competitivo: podrías encontrarte trabajando con clientes en posición de pie o sentada en vez de disponer del lujo de tener a mano una camilla. Dado que los clientes puede que no tengan un sitio ni tiempo para desvestirse, tal vez tengas que trabajar a través de su equipación utilizando técnicas de masaje en seco.

Preguntas para entrevistas previas a eventos deportivos

Incluso en el emplazamiento de un evento deportivo, es importante hacer preguntas antes de empezar el masaje. Las respuestas a estas preguntas te ayudarán a establecer qué técnicas de masaje utilizar y de qué zonas ocuparte.

- ¿Cuánto tiempo queda para el evento?
- ¿Por dónde vas en tu programa de preparación?
- ¿Te están tratando de otras afecciones actualmente?
- ¿Tienes actualmente alguna afección que afecte a tu rendimiento?
- ¿Existen lesiones previas que te estén afectando hoy?
- ¿En qué zonas te gustaría que yo trabajase?
- ¿Hay algo específico que te gustaría que hiciese?
- ¿Existen zonas de tensión en las que te gustaría que me centrase o hiciese estiramientos?

Otras consideraciones incluyen la consciencia del efecto potencial que tus palabras puedan tener en el estado mental del deportista. Ten cuidado con lo que dices; tus palabras pueden estimular y relajar al deportista o tener el efecto contrario, lo cual no es evidentemente tu intención. Si crees que existen posibilidades de lesión, por ejemplo, consulta con el médico o el profesional de la salud apropiado o con el entrenador del equipo antes de decir nada al deportista.

Masaje intra-competitivo

El masaje durante el evento deportivo combina algunos de los elementos del trabajo pre- y post-competitivo. Sirve tanto de preparación para la siguiente prueba o tiempo de partido como de evaluación.

¿Es adecuado el masaje durante el evento deportivo?

El fin de un masaje intra-competitivo es preparar al deportista para la siguiente prueba o tiempo de juego, así como evaluar lesiones. No es un masaje de recuperación completo, sino que debe ayudar a drenar y preparar los tejidos para el trabajo posterior. Debido a que quieres mantener la energía en los músculos y evitar trabajarlos excesivamente y debilitarlos, considera la velocidad y profundidad de aplicación.

¿Cuáles son las funciones de un masaje intra-competitivo?

El masaje durante un evento deportivo tiene las siguientes funciones:

- Mejora la recuperación.
- Prepara al deportista para la siguiente prueba o tiempo de juego.
- Da un masaje centrado y específico.

¿Cuándo puede tener lugar un masaje intra-competitivo?

El masaje durante un evento deportivo se realiza entre pruebas o tiempos de juego que tienen lugar el mismo día, tales como en el descanso de un partido o entre eliminatorias. Su duración es de entre 5 y 10 minutos

¿Qué técnicas son apropiadas?

Dado que no dispondrás de excesivo tiempo para dar un masaje intra-competitivo, debes conocer ese deporte para poder dar un masaje eficiente, efectivo y centrado. Los deportistas a menudo te indican las zonas en las que les gustaría que te centrases. Es posible que sólo tengas que ocuparte de una pequeña zona de tensión tisular o de restricción y aplicar unas cuantas técnicas básicas en vez de una secuencia completa de masaje. El ritmo del masaje es más rápido que en un masaje normal, pero no debe ser ni demasiado rápido ni excesivamente lento; la intención es ayudar al cliente a recuperarse y prepararse para la siguiente actuación, no sedarle.

Las siguientes técnicas son adecuadas para un masaje intra-competitivo:

- Acariciamiento.
- Amasamiento.
- Compresión.
- Vibración.
- Percusión.
- Fricciones ligeras.
- Movilización.

Preguntas para entrevistas durante un evento deportivo

Incluso en el escenario de un evento deportivo, es importante hacer preguntas antes de empezar el masaje. Las respuestas a estas preguntas te ayudarán a establecer qué técnicas de masaje utilizar y de qué zonas ocuparte.

- ¿Cuánto tiempo queda para la prueba / segunda parte...?
- ¿Te están tratando de otras afecciones actualmente?
- ¿Has tenido algún problema durante la competición / el partido...?
- ¿Hay alguna zona en concreto sobre la que te gustaría que trabajase?
- ¿Existen zonas de tensión en las que te gustaría que me centrase?

Masaje post-competitivo

El masaje posterior a un evento deportivo es la forma más común de masaje en competición, y las situaciones de voluntariado suelen ser abundantes. El voluntariado es una excelente forma de introducirse en el arte del trabajo en eventos deportivos y de aprender acerca de los requisitos de cada deporte. Con frecuencia, introducirás al masaje a alguien que nunca lo ha recibido en pruebas tales como los maratones, que pueden ser una oportunidad para informar a la persona acerca de los beneficios del masaje regular.

¿Es adecuado el masaje post-competitivo?

Los principales fines del masaje post-competitivo son devolver a los tejidos al estado previo al evento deportivo drenándolos, así como observar e identificar lesiones y afecciones que necesiten primeros auxilios o más atención médica. Si un equipo médico no está realizando evaluaciones post-competitivas, tendrás que realizar una consulta antes de empezar el masaje. Debes ser consciente de los signos y síntomas de los problemas más comunes y estar bien preparado para hacerles frente.

¿Cuáles son las funciones de un masaje post-competitivo?

El masaje posterior a un evento deportivo tiene las siguientes funciones:

- Evalúa lesiones o daños a los tejidos.
- Normaliza los tejidos.
- Restablece el tono muscular.
- Devuelve la longitud al músculo en reposo.
- Drena las zonas congestionadas.
- Previene las agujetas.
- Restablece la flexibilidad.
- Alivia los calambres y contracturas musculares.
- Apoya la recuperación metabólica.

¿Cuándo puede tener lugar un masaje post-competitivo?

Lo ideal es que el masaje post-competitivo tenga lugar dentro de las 2 a 6 horas posteriores al evento deportivo. Éste es el período más eficaz de trabajo, pero el masaje puede seguir siendo muy beneficioso después de un par de días. La duración del masaje debe ser de 15 a 20 minutos. Cuanto más tiempo haya transcurrido desde el evento deportivo, más largo puede ser el masaje.

¿Qué técnicas son apropiadas?

Las siguientes técnicas son adecuadas para un masaje post-competitivo:

- Acariciamiento.
- Amasamiento.
- Compresión suave.
- Estiramientos.
- Aplicación de un masaje general.
- Profundidad superficial.
- Drenaje linfático.

Preguntas para entrevistas posteriores a un evento deportivo

Incluso en el escenario de un evento deportivo, es importante hacer preguntas antes de empezar el masaje. Las respuestas a estas preguntas te ayudarán a establecer qué técnicas de masaje utilizar y de qué zonas ocuparte.

- ¿Has realizado el enfriamiento para volver a la calma después de la prueba?
- ¿Has tenido algún problema durante la competición?
- ¿Puedes identificar alguna zona de dolor o agujetas?
- ¿Sientes frío o calor?
- ¿Te has hidratado o has comido algo después de la prueba?
- ¿Tienes mareos, dolor de cabeza, confusión, inseguridad al caminar o náuseas?

Además de hacer estas preguntas, hay que ser consciente de las siguientes afecciones post-competitivas comunes, porque influirán en el tratamiento que des:

- Ampollas.
- Contusiones.
- Calambres.
- Deshidratación y sobrehidratación.
- Agotamiento por calor.
- Hipertermia.
- Hipotermia.
- Heridas abiertas.
- Esguinces ligamentosos.
- Esguinces músculo-tendinosos.

Si estás cualificado para dar primeros auxilios y las lesiones son menores, puedes tratarlas como más convenga. Cuando tengas dudas, remite a la persona a un profesional cualificado. Si se dispone de equipo de salud, normalmente estará al frente, haciendo el triaje de posibles pacientes y ocupándose de las situaciones de primeros auxilios. Sin embargo, si no hay nadie más que tú a quien acudir, se esperará de ti que tengas la formación apropiada para evaluar las afecciones que justifiquen tratamiento médico. Quienes tengan condiciones graves deben ser siempre enviados a un centro médico.

Trabajar con un equipo deportivo de élite*

Trabajar con un equipo deportivo de élite y formar parte de sus éxitos es una experiencia totalmente gratificante, pero hay que recordar que no existen "Juegos Olímpicos para quiromasajistas terapéuticos". ¡Nuestro papel consiste en apoyar a los deportistas y ayudarles a lo largo del camino hacia su propio éxito final!

Trabajar en el seno de un equipo médico de alto rendimiento es totalmente distinto de trabajar autónomamente en un entorno clínico. Tener autonomía forma en realidad parte de ello, pero la responsabilidad del equipo de apoyo no debe tomarse a la ligera. Cada persona del equipo médico debe tener un papel definido con claros parámetros para cada uno de esos papeles, aparejado con una jerarquía evidente para asegurar la responsabilidad final. Cada miembro del equipo médico tiene que ser capaz de comprender los papeles de todos los demás miembros y de cómo estos roles se superponen y complementan entre sí una vez haya empezado la competición. Esto no sólo asegura que los deportistas

*Esta sección se debe a Elizabeth Soanes, Working Bodies Fitness & Injury Centre, Towcester, Northamptonshire, Inglaterra. Elizabeth ofrece masoterapia de tejidos blandos a la Federación Inglesa de Bádminton, la Federación de Natación para Atletas Discapacitados, el Instituto Inglés del Deporte, la Federación de Cricket femenino y la selección de cricket del condado de Hertfordshire. Es directora de la asociación de Working Bodies Ltd.

reciban lo que necesitan, sino también que la carga de trabajo se distribuya entre todo el equipo; ¡los ambientes competitivos pueden ser muy estresantes! Como quiromasajista terapéutico deportivo o como terapeuta de tejidos blandos (como a veces se llama actualmente a tu rol en el deporte de competición), tu papel es apoyar a la larga el trabajo de un fisioterapeuta y los demás profesionales médicos del equipo, pero es principalmente "hacer exactamente lo que se te mande". Tu papel dentro de un equipo de alta competición es cuidar principalmente los tejidos blandos de los deportistas: ¡sus músculos!

El masaje es un medio muy útil y poderoso que puede ayudar en todos los aspectos de la preparación y la recuperación. Anecdóticamente, existe también algo inherente en la naturaleza física del tacto. Les hace saber que están en buenas manos y que existe un apoyo para todos los esfuerzos que se les exige realizar, tanto a los deportistas sanos como a los discapacitados. Una de las claves que recordar al trabajar con deportistas con discapacidades es eso antes de nada: ¡que son deportistas! Efectivamente, en algunos casos los deportistas minusválidos puede que requieran más apoyo para facilitar su propio éxito, pero el trabajo es en realidad igual. (En el capítulo 11 se encontrará más información sobre el trabajo con poblaciones especiales.)

Igual que los atletas han invertido mucho tiempo en prepararse para la competición, es imperativo que también estés preparado para las demandas que tienes por delante. Es útil planificar la logística que se requerirá para los días de competición, desde identificar los lugares para tratar al equipo hasta el medio de transporte de que se dispondrá para ir y venir del lugar de la competición, ya que esto puede sumarse fácilmente a la carga física de trabajo si tienes que subir y bajar tú mismo la camilla del medio de transporte y por escaleras, y meterla y sacarla del campo o el estadio.

Y luego están los deportistas. Tienes que conocer cuáles son los objetivos particulares de cada deportista durante el evento deportivo; ¿cuándo necesitarán ayuda al prepararse para las pruebas, qué requerirán como recuperación y si existe alguna intervención específica que se exija como parte de la estrategia de manejo de lesiones? Comprender los requisitos de cada uno de los deportistas te ayudará a planificar las jornadas, asegurar que todos reciban lo que necesitan y cerciorarte de estar preparado para las demandas del día. Ésta puede ser una responsabilidad ardua si viajas con un equipo grande. Lleva tiempo establecer mediante entrevistas las necesidades de cada individuo y es algo que tiene que hacerse a menudo al comienzo o al final del día. Durante los Juegos Paralímpicos celebrados en Pekín en 2008, la jornada del equipo médico empezaba a las 5:15 de la mañana y terminaba en torno a las 10:30 de la noche durante los nueve días consecutivos de competición. ¡Era bastante agotador!

Lo que es absolutamente necesario es prepararse físicamente para el evento. Los días pueden ser muy largos e intensos sea cual sea el nivel de competición. Ya se trate de los Juegos Olímpicos o de pruebas de selección nacionales, todas las competiciones son agotadoras. Es de vital importancia asegurarse de tener la fuerza y la forma física necesarias para trabajar numerosas jornadas seguidas con muchas horas de masaje al día. El equipo no puede lesionarse sin nadie que cuide de las personas importantes: ¡los deportistas!

Con las evidentes demandas físicas del masaje continuado a diario, el impacto psicológico del entorno también puede ser muy exigente. Las tensiones se ponen por las nubes y las emociones pueden ir de un extremo al otro en un instante. Esto puede ser muy agotador para quienes se ven inmersos en la competición. Una parte útil del informe al final del día es aplicártelo a ti mismo. Charlar sobre los acontecimientos de la jornada con el resto del personal de apoyo es una experiencia necesaria y valiosa.

En suma, trabajar en el ambiente de un equipo de alto rendimiento es una experiencia única e increíble, pero es la preparación para las inevitables exigencias lo que es esencial para asegurarse de que es todo lo que querías que fuera: una de las más memorables y gratificantes experiencias de tu vida.

Organizar el servicio de masaje en un evento deportivo

Organizar el servicio de masaje en un evento deportivo puede ser muy exigente, sean cuales sean sus dimensiones. Requiere buenas capacidades organizativas y de comunicación y, en ocasiones, mucha diplomacia. Normalmente no lleva aparejado un gran estipendio, pero es una experiencia que ofrece oportunidades de desarrollarse como quiromasajista terapéutico y de establecer contactos con colegas. Organizar el servicio deportivo en una competición puede ofrecerte la oportunidad de promocionar tus servicios, especialmente si trabajas en eventos deportivos cercanos a tu propia casa o lugar de trabajo.

Las dimensiones de los acontecimientos deportivos varían desde los más importantes hasta los menores en clubes locales. En los inicios de tu carrera, o durante tus estudios, empieza a presentarte como voluntario a unos cuantos eventos supervisados para conseguir la necesaria experiencia antes de aventurarte solo.

Primeros pasos

Pásate por el club más cercano o por una organización benéfica a ofrecer tus servicios. Si existe un organizador de la prueba, contacta con esa persona para cerciorarte de que existe la necesidad de tus servicios y averiguar si alguien más ya ha sido contratado para ese puesto. Define con claridad tus pretensiones de responsabilidad. ¿Estas trabajando con otros miembros del equipo? Y si es así, ¿quiénes son (es decir, fisioterapeuta, médico, etc.)? Tendrás que saber cuántos participantes hay para determinar si vas a trabajar solo o si existe la necesidad de más terapeutas, lo cual puede exigirte asumir un papel más de supervisor. Averigua también si hay algún protocolo para el tipo de servicio que ofreces (p. ej., puede no se te deje cobrar si es un acontecimiento benéfico, o tal vez haya restricciones respecto a los lugares en los que puedes trabajar). Es importante conseguir un documento de consentimiento por escrito y proveer los documentos necesarios, tales como una copia de tu seguro o el título de quiromasajista deportivo que estés aportando. Asegúrate de lo siguiente:

- Determina las dimensiones del evento deportivo y el número de participantes y cuántas sesiones de masaje se darán.
- Establece el protocolo para remitir a los deportistas al equipo médico.
- Averigua quién proporcionará y pagará los suministros, el transporte y el aparcamiento.
- Decide si ofrecer a los masajistas voluntarios algo gratis, como pueda ser una camiseta.
- Decide si hay que proporcionar agua y comida.
- Haz los arreglos pertinentes acerca del aparcamiento, el depósito de material y cualquier otro asunto.
- Establece medidas de seguridad. (¿Necesitarán los quiromasajistas terapéuticos llevar placa o tarjeta de identificación para entrar al evento?)

Contrata a tus quiromasajistas con antelación incluyendo unos cuantos de más. Las personas cancelan su participación y con mucha frecuencia a última hora. Es mejor tener demasiados (así todos pueden tener descansos) que excesivamente pocos. Contar con un número escaso de quiromasajistas puede provocar que tu equipo se sobrecargue de trabajo y no disfrute de la experiencia en competición. Asimismo, es posible que los participantes terminen siendo rechazados y compartan su decepción con los organizadores, lo cual puede provocar que no te vuelvan a invitar o a contratar para futuros eventos.

Acuérdate de agradecer al organizador y a los voluntarios su participación en la jornada.

Organización del lugar de la competición

Los organizadores del evento deportivo puede que esperen que aportes tu propia tienda de campaña o que no dispongan de un lugar adecuado para que trabajes; así que estate preparado y valora la situación de antemano. Incluso en verano es recomendable disponer de una zona cubierta en la que trabajar, para tu propia comodidad y la de los participantes. Asegúrate de no quedar relegado a un rincón donde nadie pueda verte ni encontrarte; debes estar en un lugar central de la actividad, para que la gente sepa que estás ahí. Planifica con antelación cómo vas a ir al sitio, cuánto tiempo tardarás en llegar y si hay espacio para guardar el equipamiento. Lo ideal es preparar antes la jornada. No dejes de hacer también lo siguiente:

- Dispón camillas para dirigir el flujo de personas.
- Establece una zona en la que las personas puedan registrarse, firmar los formularios de autorización y esperar su sesión.
- Si hay un equipo médico realizando evaluaciones post-competitivas para determinar si las personas pueden recibir masaje, prevé tiempo para ello.
- Establece un turno de descanso, posiblemente compartiendo el papel de supervisión y de gestión.
- Instala señalización o letreros.
- Si dispones de tarjetas de visita personales, tenlas a mano.

Lista de comprobación de suministros y equipamiento

¡Cerciórate de estar preparado para el evento deportivo! Si después de toda tu planificación por anticipado te has olvidado de parte del equipamiento o de los suministros, ello puede reducir el éxito del evento. A continuación se incluye una lista de comprobación de suministros y equipamiento que tener a mano:

CONSEJO Vístete apropiadamente, incluyendo varias capas de ropa para ajustarte a las condiciones de calor y de frío. Acuérdate de llevar filtro solar, porque es posible que termines trabajando al aire libre sin ninguna protección.

- Camilla (si no la suministra la organización).
- Almohadas o cojines.
- Toallas (grandes y pequeñas).
- Rollos de papel para camilla.
- Pañuelitos húmedos antisépticos.
- Loción para masaje.
- Bolsas de basura grandes para tirar el papel para camilla usado, etc.
- Botiquín (imperdibles, tijeras, esparadrapo, gasas, paquetes fríos, algún producto azucarado).
- Reloj para supervisar los tiempos de tratamiento (un reloj de enfermería es muy útil).

- Reloj para supervisar los tiempos de tratamiento (un reloj de enfermería es muy útil).
- Tarjetas de visita o cualquier anuncio o tríptico que te hayas confeccionado.
- Cámara para sacar fotos de recuerdo o para futuros anuncios.
- Agua y refrigerios para ti.

- Teléfono móvil al máximo de carga, pero en modo vibración.
- Material de papelería para organizar las listas de clientes (tiques para reservas).
- Bolígrafos.
- Cambio si vas a cobrar los tratamientos.

Observaciones finales

A estudiantes y graduados por igual la experiencia de trabajar en competiciones les parece útil para desarrollar sus habilidades y comprender las demandas del deporte. Encuentran esta clase de trabajo dura pero estimulante. El tipo de evento deportivo puede variar desde trabajar como miembro de un equipo en un viaje de larga distancia hasta el voluntariado para un acontecimiento benéfico que se celebre en una sola jornada, como pueda ser un maratón. Son momentos emocionantes y deben formar parte de la formación de todo quiromasajista terapéutico deportivo.

Autoevaluación

1. ¿Cuáles son las principales diferencias entre el masaje pre- y post-competitivo?
2. ¿Qué técnicas de tejidos blandos son apropiadas para el masaje post-competitivo?
3. ¿Cuáles son las tres razones principales para realizar masaje intra-competitivo?
4. ¿Cuál de las siguientes condiciones *no* es normal encontrarla en una situación posterior a una competición?

Ampollas   Contusiones
Calambres   Deshidratación o sobrehidratación
Diarrea   Agotamiento por calor
Hipotermia   Esguinces ligamentosos

5. Si alguien es la primera vez que va a recibir masaje, ¿debes dárselo por vez primera antes de un evento deportivo?

Poblaciones especiales

Para los fines de este libro, las poblaciones especiales incluyen clientes con afecciones específicas que requieren un mayor conocimiento de su fisiología y sobre problemas de tejidos blandos (p. ej., un atleta paralímpico). En el nivel de élite, los deportistas con minusvalías se dividen en dos categorías: con discapacidad física o con discapacidad intelectual. Para permitir una competición justa, las personas con discapacidad física se dividen en las siguientes categorías:

- Lesión medular (congénita o adquirida).
- Deficiencias o amputación de extremidades y otras discapacidades físicas *(les autres),* tales como distrofias musculares, restricción en el crecimiento, afecciones sindrómicas y anquilosis o artritis de las articulaciones principales que no encajen en las demás categorías.
- Parálisis cerebral.
- Minusvalías visuales (ceguera o visión escasa).

Los atletas con estas afecciones puede que necesiten ayuda para subir y bajar de la camilla. También tendrás que considerar qué técnicas serían adecuadas y cuáles evitar. Además de comprender cómo manejar físicamente a los clientes con estas afecciones, tendrás que comprender los efectos fisiológicos de sus dolencias. Tal vez tengan pérdida de sensibilidad, o padezcan una mala salud tisular que ralentice su capacidad de curación. Cuanto mejor entiendas su afección, sus necesidades y cómo realizar los ajustes adecuados, más efectivo será el masaje.

Lesiones de la médula espinal

Las lesiones de la médula espinal pueden ser el resultado de una enfermedad como la polio o la espina bífida, pero con mayor frecuencia son consecuencia de traumas tales como caídas y accidentes de vehículos a motor. El manejo de lesiones de la médula espinal viene dictado por el grado de parálisis y de la función, el cual depende de la localización de la lesión en la médula espinal. La cuadriplejia o tetraplejia resulta de lesiones en la región cervical (cuello); la paraplejia implica a la zona torácica, lumbar o sacra. Cuanto más alta sea la ubicación de la lesión, mayor es la pérdida de función corporal.

Traslado

Lo primero que hacer con un cliente que tenga una lesión de la espina dorsal es preguntarle si necesita ayuda para trasladarse a la camilla. Muchos optan por trasladarse ellos mismos, indicando al quiromasajista que les ayude según precisen. Asimismo, tampoco des por supuesto que un atleta en silla de ruedas no pueda andar.

Si tienes una camilla que no pueda ajustarse con facilidad para acomodar a una persona con una lesión de la espina dorsal, una alternativa es dar masaje a la persona en la silla de ruedas. Antes de empezar, cerciórate de que tenga echados los frenos. Coloca la silla de ruedas de manera que la persona pueda inclinarse hacia delante sobre la camilla, utilizando almohadas para sostenerla según se precise. Esto te permitirá acceder a la mayor parte del tronco, trabajando desde el lateral o desde atrás.

Control de la posición

Manejar y sostener las extremidades de un cliente sin control motor requiere una mayor consciencia por tu parte. Por ejemplo, al mover a un cliente desde una posición prona a otra en decúbito lateral, tendrás que sostener y controlar las piernas. Si se deja que las piernas caigan sin control, el impacto y fuerza del movimiento pueden provocar daños tisulares y estructurales. La falta de control motor puede también provocar contracturas musculares cuando la persona esté adoptando ciertas posiciones (p. ej., cambiando de prona a supina); así que estate preparado para movimientos inesperados o temblores. Aunque haya una pérdida de la percepción sensorial, mantén tus protocolos de soporte a las extremidades (p. ej., coloca cojines debajo de las rodillas).

Sensibilidad

Además de la pérdida de función, una persona con lesión en la espina dorsal puede tener alterada la percepción de la sensibilidad y es posible que no sea capaz de sentir dolor ni un toque ligero. Por tanto, tendrás que ajustar la profundidad y velocidad de tus pases de masaje, empezar más ligero y más despacio hasta familiarizarte con los niveles de tolerancia del cliente. Recuerda también que cualquier tejido que no pueda contraerse de manera refleja no puede autoprotegerse y será vulnerable a los daños. Por tanto, es importante ajustar tus técnicas de supervisión y evaluación en función de la situación del cliente.

Termorregulación

Las personas con lesiones de la médula espinal tienen una disfunción autonómica que altera la termorregulación, afectando a su capacidad para controlar la temperatura de su cuerpo por debajo del nivel de la lesión. Carecen de la capacidad para responder al frío y no pueden temblar para mantener el calor. En consecuencia, puede que requieran más toallas para conservar un grado confortable de calor. En el otro extremo también son vulnerables a las enfermedades relacionadas con el calor, debido a que el mecanismo de refrigeración está también afectado. Sé consciente de los signos y síntomas de insolación, hipertermia y agotamiento por calor, para saber cuándo es apropiado remitir a un paciente a otro profesional más cualificado. (Ver el apartado de *Patología* del capítulo 2.)

Las personas con lesiones medulares son también propensas a una afección llamada hiperreflexia, o disreflexia autonómica, que es una respuesta excesiva del sistema nervioso involuntario (autónomo) a consecuencia de impulsos nerviosos desencadenados por estímulos normales; por ejemplo, cuando la vejiga está llena y la señal no llega al cerebro. Esta respuesta excesiva puede también estar causada por bloqueos intestinales y por constricciones físicas (p. ej., si el deportista compite con correas o arnés para mantenerse en posición). Esta reacción extrema puede provocar un cambio en la frecuencia cardíaca, aumentos de la tensión arterial, cambios en el color de la piel y transpiración excesiva. La hiperreflexia se considera una urgencia médica y requiere atención inmediata.

Osteopenia

A consecuencia de inmovilidad, el deportista puede padecer una afección llamada osteopenia, que es una reducción en la densidad mineral ósea. Esta disminución del tejido óseo aumenta el riesgo de fracturas (osteoporosis). En tales casos, tendrás que modificar tu técnica y método de aplicación. Evita las percusiones o las vibraciones vigorosas, o ejercer cualquier presión excesiva a las zonas afectadas. Debido a que la persona también puede carecer de sensación de dolor o molestias, es importante estar atento a los signos de fractura, que podrían evidenciarse por la sensación de desalineación de una parte del hueso con el resto, cualquier movimiento anormal o si hay evidencias de hematomas o hemorragias. En este último caso, hay que remitir a la persona al equipo médico.

Consideraciones para el masaje

Los usuarios de silla de ruedas, o quienes tienen que emplear los hombros y los brazos para trasladarse de un lugar a otro, son propensos a lesiones por sobrecarga de los hombros. Es común tener problemas ligamentosos por repetición, escoliosis debida a malas posiciones sentadas y desequilibrios musculares que resultan de las técnicas de empuje. Todas ellas pueden contribuir a alteraciones en la estabilización escapular y a patrones anormales de movimiento. El objetivo de la sesión de masaje sería ocuparse de estos problemas y trabajar en el seno de un equipo (que podría incluir médico, fisioterapeuta, preparador físico, entrenador, etc.) para realizar los ajustes correctivos. Recuerda que algunas rigideces pueden ser funcionales (p. ej., de los erectores de la columna para mantener una postura erguida) y son por tanto deseables.

A menudo, las zonas en que nos concentramos son aquellas que están siendo utilizadas, pero los beneficios del masaje son globales. Las técnicas de drenaje pueden mejorar la calidad de los tejidos, especialmente en las zonas que son incapaces de mantener un bombeo natural. El masaje regular también puede reducir la frecuencia de contracturas musculares.

Las zonas de contacto son también susceptibles de abrasiones dérmicas o de escaras por presión por los prolongados tiempos en posición sentada y por mala calidad tisular. La clave es la prevención y el aumento de circulación en la zona, así como el movimiento. La inspección regular de estas zonas es una característica importante en prevención.

Por último, como resultado de la alteración de la mecánica y de una reducción en el uso de sus extremidades, las personas con lesiones medulares pueden estar predispuestas a desarrollar anquilosis articulares. Alargando y estirando los tejidos blandos, es posible ayudar a mantener la integridad de la articulación y sus estructuras adyacentes.

Carencia de extremidades

La carencia de extremidades puede ser congénita o adquirida. Los deportistas con carencia de extremidades compiten con o sin prótesis o en silla de ruedas. Las prótesis pueden llevarse en las extremidades superiores o inferiores. En ambos casos, pueden afectar a los patrones funcionales de movimiento provocando desequilibrios posturales. Por ejemplo, debido a que un miembro inferior protésico es más corto que el miembro no afectado (para permitir a la persona balancear la pierna), es posible que se desarrolle un desequilibrio muscular debido a la alteración de la marcha, que puede causar dolores pélvicos o lumbares. Las prótesis también pueden provocar rozaduras en la piel, abrasiones y contusiones óseas.

Entre las consideraciones de masaje se incluyen afrontar los desequilibrios musculares alargando o estirando los músculos tensos seguido por el fortalecimiento de los más débiles. Entre las contraindicaciones locales hay que incluir llagas y úlceras, hinchazón y las lesiones o infecciones de los muñones. Normalmente las prótesis se retiran antes del masaje; a veces el muñón se cubre con una manta suave. Generalmente el muñón puede masajearse como cualquier otra zona del cuerpo, a menos que haya inflamación o abrasiones. Pide siempre permiso para masajear un muñón. Algunos deportistas pueden ser muy sensibles a que se trabaje sobre él. Otros puede que no estén acostumbrados a que nadie, aparte de su médico, se lo toque.

Parálisis cerebral

La parálisis cerebral se caracteriza por diversos trastornos del movimiento que se clasifican por el número de extremidades afectadas y los síntomas que producen. Las características principales son una gran cantidad de movimientos involuntarios, una mala coordinación, e hiper- o hipotonía. Otros pueden incluir epilepsia, sordera, problemas de aprendizaje y defectos visuales y del habla, que también pueden ocurrir en combinación. La parálisis cerebral puede clasificarse como sigue:

- Monoplejia: está afectada una extremidad, normalmente un brazo.
- Paraplejia: están afectadas las extremidades inferiores y la región de la cadera.
- Hemiplejia: están afectadas las extremidades de un lado del cuerpo.
- Triplejia: están afectadas tres extremidades, normalmente las dos piernas y un brazo.
- Tetraplejia: están afectadas las cuatro extremidades y el tronco. También pueden estar implicados el cuello y los músculos faciales.
- Diplejia: más implicación en las extremidades inferiores que en las superiores.

En líneas generales, quienes viven con parálisis cerebral tienen dificultades con el tono muscular y no pueden contraer ni relajar ciertos músculos. A medida que crecen los huesos, es posible que los músculos y tendones permanezcan acortados, lo cual puede provocar dolor. Se dispone de diversas opciones para aliviar o reducir al mínimo los efectos de esta afección: intervenciones quirúrgicas, medicamentos para relajar el tejido espástico y llevar aparato ortopédico en las piernas y los brazos para estirar los músculos y tendones. Un patrón clásico de contracción muscular provoca flexión, aducción y rotación interna. El objetivo global de un masaje deportivo es mejorar la postura y la movilidad y reducir las contracturas musculares.

Con deportistas que padezcan alguna forma espástica de parálisis cerebral, cerciórate de su seguridad ofreciéndoles el soporte físico adecuado, pero sin restringirles sus movimientos. Más bien, oriéntales debidamente y proporciónales el apropiado soporte con cojines.

Problemas de la vista

Existe una clasificación en tres niveles para los problemas visuales elaborada por la Federación Internacional de Deportes para Ciegos (IBSA):

- B1 (ciegos totales): pueden llegar a percibir la luz, pero son incapaces de reconocer la forma de una mano a cualquier distancia o en cualquier dirección.
- B2 (deficientes visuales): reconocen la forma de una mano y su agudeza visual no puede superar 2/60 y/o han de tener un campo de visión con un ángulo menor de 5 grados.
- B3 (deficientes visuales con mayor visión): tienen una agudeza visual mayor de 2/60 y menor de 6/60 y/o un campo visual con un ángulo mayor de 5 grados y menor de 20.

Asegúrate de que tu sala de masaje no tenga por el suelo artículos superfluos ni cables en los que puedan tropezar los clientes. Si un cliente con un problema de visión no está familiarizado con el entorno y necesita asistencia, cógele suavemente por el brazo ofreciéndole sostén o déjale que se coja del tuyo por el codo y guíale físicamente hasta la camilla o silla dándole indicaciones verbales al mismo tiempo. Orienta a la persona con cuidado para evitar las esquinas afiladas de las camillas y demás mobiliario. (Ésta es una de las razones para adquirir una camilla acolchada con las esquinas redondeadas.)

Lograr la continuidad en el masaje es una destreza importante. Alertar a tu cliente sobre tus intenciones creará confianza y relajación. Si terminas con una parte del cuerpo y pasas a otra sin comunicárselo mediante indicaciones con la mano o verbales, el cliente puede que encuentre tus acciones impredecibles y sentirlas como una invasión de su intimidad. Explica con claridad tus intenciones y mantén el contacto todo lo posible.

Comunicación

En todas las afecciones anteriormente mencionadas, las buenas habilidades de comunicación son fundamentales. Escucha con atención y pon un cuidado especial en volver a repetir al cliente la información que te haya dado. Si un cliente padece un defecto del habla, como es el caso en algunas formas de parálisis cerebral, ten paciencia y dale tiempo para comunicarse. Es importante que tengas un conocimiento exhaustivo de sus síntomas, así como un historial completo, porque esto afectará al éxito de tu tratamiento. Si un atleta tiene dificultades para oír, asegúrate de que pueda verte la cara al hablar. No hay necesidad de hablar alto o exagerar tus palabras; el cliente te entenderá si hablas de manera considerada. Dar instrucciones claras no sólo te ayudará a cerciorarte de la seguridad del cliente al subirle o bajarle de la camilla, sino que puede aumentar la efectividad del tratamiento cuando sea necesaria su participación.

Observaciones finales

Trabajar con clientes que tengan necesidades especiales requiere sensibilidad y perspicacia para acomodarse a sus limitaciones funcionales; céntrate en la capacidad y no en la discapacidad. Tendrás que modificar tus técnicas, tener excelentes destrezas comunicativas y ser capaz de usar tu imaginación al afrontar requisitos insólitos. La experiencia suele ser la mejor maestra que te ayude a desarrollar estas capacidades, así como llegar a conocer las necesidades específicas de cada persona. Exige tiempo, paciencia y un buen sentido del humor (por ambas partes).

Autoevaluación

1. Cuando un cliente con una lesión de la médula espinal esté adoptando ciertas posiciones, ¿cuál puede ser la causa de su falta de control motor?
2. ¿Qué hay que hacer con una silla de ruedas para cerciorarse de la seguridad del cliente antes de trasladarle a la camilla?
3. ¿Cuál es uno de los efectos de la alteración de la marcha que resulta de llevar prótesis?
4. ¿A qué parte del cuerpo afecta la paraplejia?
5. ¿Cómo tienes que preparar la sala de masaje para alguien que tenga problemas de vista?

Capítulo 1

1. El masaje deportivo no es exclusivamente para personas que realizan actividades deportivas, sino para cualquier persona interesada en el trabajo sobre tejidos blandos y que le parezca que puede beneficiarse de esta forma de masaje.
2. El masaje deportivo puede aliviar la tensión de los tejidos blandos, alivia la rigidez, reduce las contracturas musculares, reduce restricciones, ablanda y realinea el tejido cicatricial y libera las adherencias, ayudando a restablecer la función óptima.
3. En cualquier momento en que un cliente desee un masaje de los tejidos blandos.
4. Ayudar al deportista a lograr el rendimiento máximo y mantenerse libre de lesiones, así como ayudar en el proceso de curación de lesiones.
5. Los quiromasajistas terapéuticos deportivos deben ser capaces de realizar una apropiada gama de procesos de valoración y evaluación, así como de reconocer lesiones deportivas habituales. También deben ser capaces de diseñar e implementar planes globales de tratamiento con objetivos realistas y alcanzables.

Capítulo 2

1. *Global* significa que el masaje está totalmente contraindicado porque la dolencia afecta al cuerpo sistémicamente, mientras que *local* significa que el masaje puede tener lugar pero lejos de la zona afectada.
2. *Grave* o *severa, aguda, incontrolada, sin diagnosticar* y *contagiosa*. Otras afecciones no contienen estas palabras pero se consideran contraindicaciones. Sé consciente de esto al decidir si continuar o no. Si no estás seguro, no procedas.
3. Entre las modificaciones necesarias se incluye la elección de técnica; si trabajar específica o generalmente, o bien superficial o profundamente; la dirección y velocidad del movimiento; la duración del masaje; la fase de curación del tejido; y la colocación del cliente.
4. *Globales:* gripe y resfriados, dolor severo; *locales:* tejido cicatricial agudo, heridas abiertas, foliculitis; *modificaciones:* traumatismo cervical, diabetes, cáncer, antigua luxación del hombro, osteoporosis.
5. Un esguince ligamentoso implica a los ligamentos y a la articulación, mientras que un esguince músculo-tendinoso implica tejidos blandos tales como los músculos y los tendones.

Capítulo 3

1. Trabajar junto a otros profesionales, recibir apoyo de otros miembros del equipo, disponer de un recepcionista que gestione tus citas, disponer de camilla y de un suministro de toallas.
2. Por contacto directo, por contacto indirecto y por transmisión aérea.
3. Confort, estabilidad y soporte de las articulaciones y las extremidades.

4. En los tobillos, la cadera, el tronco y los hombros.
5. Permite que el cuerpo descanse en una posición más natural, aliviando la región lumbar, mientras previene que la articulación de la rodilla se vea forzada más allá de un rango de movimiento normal.

Capítulo 4

1. ■ Mantener tus caderas y hombros nivelados y de frente.
   ■ Adoptar una posición amplia.
   ■ Colocar los brazos apartados de tu cuerpo.
   ■ No acortar las palancas.
   ■ Crear un círculo con los brazos.
   ■ No bloquear los codos.
   ■ Generar el movimiento desde las piernas.
2. Volver a evaluar tu técnica de aplicación, cuidarte manteniéndote en forma, haciendo estiramientos y recibiendo masaje regularmente.
3. Ir más despacio.
4. Tensión muscular, apretar los puños, temblores en otras partes del cuerpo, acción de expulsar del músculo sobre el que se está trabajando, enrojecimiento de las orejas, transpiración por todo el cuerpo, respuesta verbal.
5. Las piernas.

Capítulo 5

1. Para calentar el tejido, prepararlo para el trabajo más profundo y evaluarlo para zonas de tensión o zonas que requieran más atención.
2. Acariciamiento, compresión, vibración, percusión ligera.
3. Fragilidad dérmica, infecciones vecinas, tejido cicatricial reciente y reducción de la sensibilidad (es decir, diabetes).
4. Las afecciones fisiológicas del cliente, estructuras sensibles y prominencias óseas.
5. Ralentizar / Ir más lento / Proceder más despacio.

Capítulo 6

1. La posición sentada en la camilla te permite acceder a zonas anteriores del hombro que son menos accesibles. También puede ayudar a preparar la zona para un trabajo más específico cambiando al cliente a otra posición.
2. ¡Muchas!
3. De que no haya nada de tu ropa que provoque molestias y de que mantienes el pudor profesional colocando una toalla entre el cliente y tú.
4. Dado que la superficie del pie es pequeña y la profundidad del tejido es insignificante, trabajar con los pulgares y los demás dedos no resulta estresante. El pie también requiere una aplicación de técnicas más precisa debido a la pequeña área de trabajo.
5. El cuello.

Capítulo 7

1. Cuando hayas dominado las posiciones básicas de trabajo en masaje.
2. Debajo de la cabeza y de las rodillas.
3. En el sentido de las agujas del reloj.
4. Apartar la mirada de la zona, trabajar a través de una toalla y hacerlo con seguridad.
5. Los pies desempeñan un papel esencial en el movimiento y función de todo el cuerpo.

Capítulo 8

1. Debajo de la cabeza y de la pierna superior flexionada. También puedes colocar una bajo el tronco por encima de las caderas para abrir el espacio situado entre las costillas y la cadera.
2. La altura de la cadera del cliente es significativamente más alta en posición lateral que en posición prona o supina.
3. Cuando quieres acceder a tejidos blandos utilizando un método alternativo, ya que permite que el músculo descienda apartándose de la estructura esquelética. Puedes meterte por debajo o por detrás de la zona en vez de tener que presionar a través de otros tejidos más superficiales.
4. Para estabilizar la posición del cliente y para mantener sus caderas y su espalda alineadas.
5. Puedes pedirle que se agarre a la camilla con su mano libre, flexionando su brazo en ángulo recto.

Capítulo 9

1. La evaluación subjetiva es la fase en la que elaboras el historial del cliente, incluyendo su historia clínica e información acerca de su programa de entrenamiento y sus actividades típicas. Durante la fase de evaluación objetiva realizas valoraciones físicas empleando palpación y tests posturales del RDM y funcionales.
2. Los factores intrínsecos son afecciones internas que influyen en las lesiones (p. ej., lesiones pasadas), mientras que los factores extrínsecos son aquellos que provienen del exterior (es decir, del entorno).
3. ■ Ligeramente por delante del tobillo.
   ■ Ligeramente por delante del centro de la rodilla.
   ■ Justo por detrás del centro de la articulación coxofemoral.
   ■ Por el centro de la articulación del hombro.
   ■ Por el lóbulo de la oreja.
4. El movimiento lo realiza el cliente.
5. ■ Establecer objetivos exigentes y realistas.
   ■ Establecer objetivos específicos, basados en la conducta y medibles.
   ■ Establecer objetivos tanto procedimentales como de resultado.
   ■ Emplear una terminología positiva.
   ■ Establecer un calendario global para la consecución de objetivos.
   ■ Supervisar y evaluar los progresos.
   ■ Centrarse en grados de logro.
   ■ Personalizar los objetivos.

Capítulo 10

1. El masaje pre-competitivo sirve para preparar el tejido para realizar una tarea, mientras que el masaje post-competitivo consiste en devolver el tejido a su estado previo al evento deportivo.
2. Acariciamiento.
   Amasamiento.
   Compresión suave.
   Estiramientos.
   Aplicación de un masaje general.
   Profundidad superficial.
   Drenaje linfático.
3. Mejorar la recuperación.
   Preparar para la siguiente prueba.
   Dar un masaje centrado y específico.
4. La diarrea.
5. Suele ser inapropiado principalmente porque no sabes cómo reaccionará al masaje, si tendrá un efecto adverso o si su organismo puede soportarlo.

Capítulo 11

1. Las contracturas musculares.
2. Ponerle los frenos.
3. El desequilibrio muscular.
4. A las extremidades inferiores y a la región de la cadera.
5. Asegurándote de que la sala tenga el suelo despejado de artículos superfluos y de cables en los que puedan tropezar los clientes.

POSICIÓN PRONA

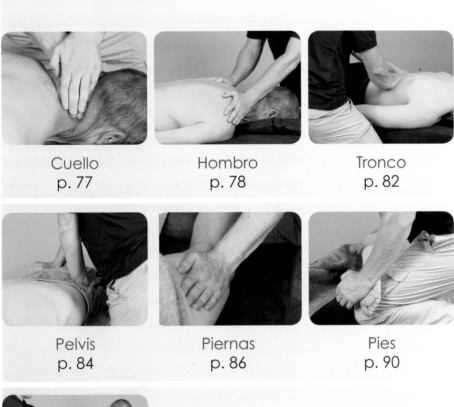

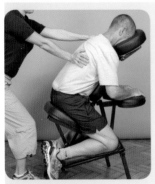

POSICIÓN SUPINA

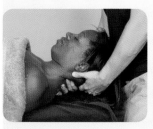

Cuello
p. 95

Pecho
p. 97

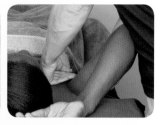

Hombros y brazos
p. 98

Tronco y abdominales
p. 100

Pelvis
p. 103

Muslo
p. 104

Piernas
p. 107

Pies
p. 108

POSICIÓN EN DECÚBITO LATERAL

Cuello
p. 111

Hombros y brazos
p. 113

Tronco
p. 115

Pelvis
p. 117

Muslo
p. 118

Cortesía de Susan Findlay.
Fotografía de Jo de Banzie

Susan Findlay, diplomada universitaria en enfermería (BSc RGN) y diplomada en masaje terapéutico deportivo y rehabilitador (Dip SRMT), es directora de la North London School of Sports Massage, una escuela de masaje deportivo en la que ejerce como quiromasajista especializada en el deporte y la rehabilitación e imparte clases. Las experiencias de Findlay como bailarina de ballet, gimnasta, entrenadora personal y enfermera le han permitido desarrollar tanto una comprensión aplicada como clínica del movimiento humano, la actividad física, la anatomía y la fisiología. Findlay es co-fundadora del Institute of Sport and Remedial Massage (Instituto de Masaje Deportivo y Rehabilitador). También ejerce como presidenta de comunicaciones en el General Council of Massage Therapy (Consejo General de Masaje Terapéutico) y como asesora didáctica de la Sport Massage Association (Asociación de Masaje Deportivo). En su tiempo libre, Findlay disfruta con el motociclismo, el ciclismo y el yoga.

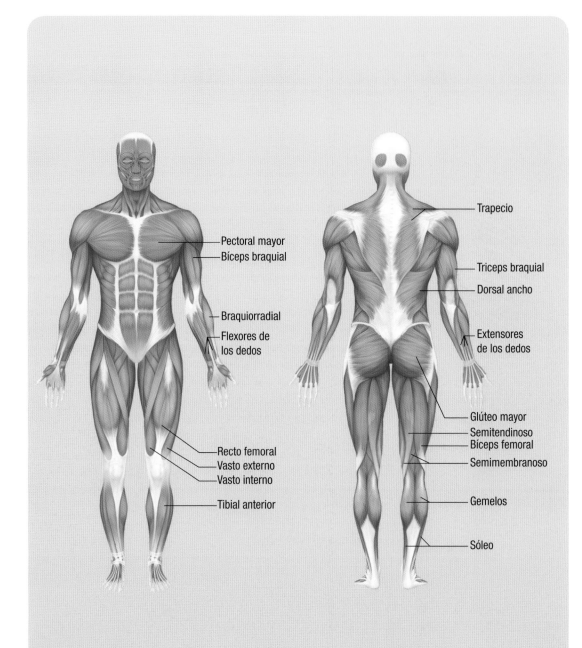

Pectoral mayor
Bíceps braquial

Braquiorradial

Flexores de
los dedos

Recto femoral
Vasto externo
Vasto interno

Tibial anterior

Trapecio

Triceps braquial

Dorsal ancho

Extensores
de los dedos

Glúteo mayor
Semitendinoso
Bíceps femoral
Semimembranoso

Gemelos

Sóleo

Adaptado, con los debidos permisos, de NSCA, 2008, "Biomechanics of resistance exercise", por E. Harman. En T. R. Baechle y R. W. Earle (eds.): *Essentials of strength training and conditioning*, 3.ª ed., Champaign (Illinois), Human Kinetics, p. 68.

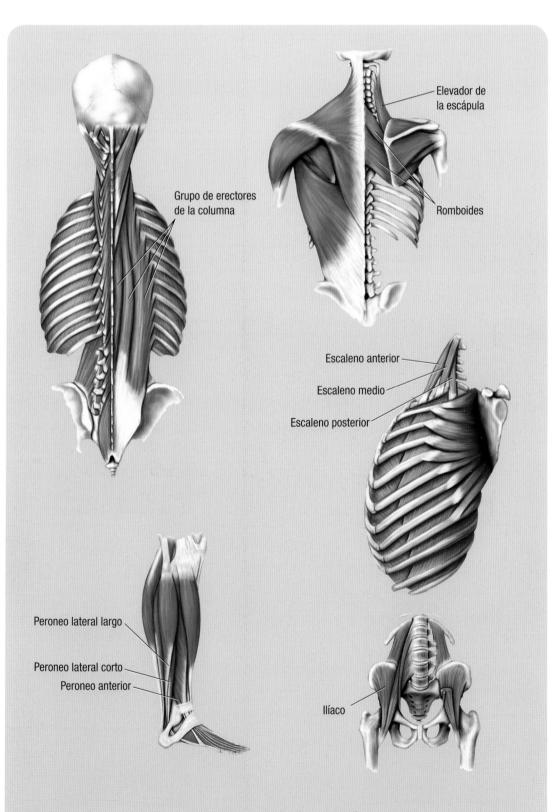

Grupo de erectores de la columna

Elevador de la escápula

Romboides

Escaleno anterior

Escaleno medio

Escaleno posterior

Peroneo lateral largo

Peroneo lateral corto

Peroneo anterior

Ilíaco

OTROS TÍTULOS PUBLICADOS POR TUTOR:

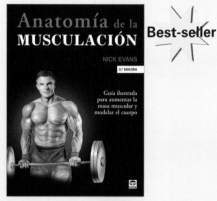

Anatomía de los Estiramientos
(5.ª edición). Arnold G. Nelson y Kouko Kokkonen
Cód.: 502062. 160 páginas

Programas de estiramientos de tres niveles de dificultad y tablas
para elaborar rutinas personalizadas de grupos o áreas musculares.

Anatomía de la Musculación
(5.ª edición). Nick Evans
Cód.: 502061. 200 páginas

Guía definitiva para culturistas. Revela la anatomía de los músculos
principales que trabajan y de los que ayudan en el ejercicio.

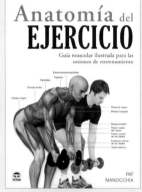

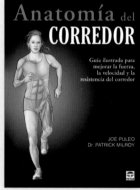

Anatomía del Ejercicio
Pat Manocchia
Cód.: 502069. 192 páginas

Cómo trabaja el cuerpo cada vez que va al gimnasio. Con
fotografías en color e ilustraciones anatómicas de cada músculo
implicado en el ejercicio.

Anatomía del corredor
Joe Puleo y Dr. Patrick Milroy
Cód.: 502088. 200 páginas

Ofrece 50 de los ejercicios de fuerza más efectivos para el corredor,
descritos paso a paso y con ilustraciones absolutamente precisas
desde el punto de vista anatómico de los músculos implicados.

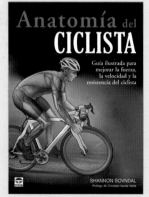

Anatomía del Ciclista
Shannon Sovndal
Cód.: 502079. 200 páginas

Los 74 ejercicios más efectivos para el ciclista. Aquéllos que
mejoran la forma física, incrementando la fuerza muscular
y optimizando la eficiencia en cada movimiento.

Anatomía del Golfista
Craig Davies y Vince DiSaia
Cód.: 502092. 200 páginas

72 ejercicios con instrucciones expertas e ilustraciones con color para
mejorar el rendimiento del golfista, y aumentar su fuerza, potencia y
amplitud de movimientos para un juego más largo y preciso.